Malcolm J. Bosse
Ein Garten so groß wie die Welt

Der Autor:

Der Autor Malcolm J. Bosse, geboren in Detroit, ist heute Professor für englische und amerikanische Literatur an der City University New York. Ausgedehnte Vortragsreisen führten ihn auch nach Indien. Er hat zahlreiche Erzählungen, Romane und Jugendbücher geschrieben, die mit vielen Preisen ausgezeichnet wurden. Sein Jugendbuch ›Ganesh oder eine neue Welt‹ (dtv pocket 7850) erhielt den Deutschen Jugendliteraturpreis 1983. ›Die Traumhöhle‹ (dtv pocket 7853) stand in der Auswahlliste zum Deutschen Jugendliteraturpreis. Das vorliegende Buch ist sein drittes in die deutsche Sprache übersetztes Jugendbuch.

Malcolm J. Bosse

Ein Garten so groß wie die Welt

Aus dem Amerikanischen von Wolf Harranth

Deutscher
Taschenbuch
Verlag

dtv

Titel der amerikanischen Originalausgabe: ›The 79 Squares‹,
erschienen 1979 bei Thomas Y. Crowell Junior Books,
New York

Von Malcolm J. Bosse sind außerdem bei dtv pocket lieferbar:
Ganesh oder eine neue Welt, Band 7850
Die Traumhöhle, Band 7853

Ungekürzte Ausgabe
April 1987
4. Auflage Februar 1991
Deutscher Taschenbuch Verlag GmbH & Co. KG, München

ISBN 3-545-33112-1
Umschlaggestaltung: Celestino Piatti
Umschlagbild: Bernhard Förth
Gesetzt aus der Garamond 10/11'
Gesamtherstellung: Ebner Ulm
Printed in Germany · ISBN 3-423-07871-5

Der Garten

Die vier Jungen saßen an ihrem Platz in der Nische, winkten ihm zu und riefen: »He, Solo! Hier sind wir!«

Solo, das war der Name, den sie ihm gegeben hatten, und seitdem wußte Eric, daß er zu der Bande gehörte. Für die Aufnahme gab es kein besonderes Ritual; im Grunde genommen bezeichneten sie sich nicht einmal als Bande. Was sie verband, war bloß, daß sie sich weigerten, in die zahllosen Gruppen und Komitees zu gehen, die es in der Schule gab. Auffallend, außergewöhnlich waren nur ihre Rufnamen: Zap, Horse, Supercool und Bones. Da sie sich von allen losgesagt hatten, forderten sie unbedingte Loyalität voneinander: Wer zur Bande gehörte, gehörte sonst nirgendwohin.

Auch Eric hatte sich im Laufe des vergangenen Jahres von allen Verpflichtungen außerhalb des Unterrichtes gelöst. Nun war das Semester vorbei, die Sommerferien hatten begonnen, und die Bande traf sich Tag für Tag – meist in Larrys Schnellimbiß – bei einem Hamburger und Coca-Cola. Sie waren Außenseiter, für sie war es daher unerhört wichtig, stets gemeinsam aufzutreten, und so achteten sie voll Argwohn darauf, daß keiner aus der Reihe tanzte. Wer einmal den täglichen Treff in Larrys Restaurant versäumte, wurde unweigerlich am nächsten Tag zur Rede gestellt: »Wo bist du gewesen? Was hast du gemacht?«

Solo hatte noch nie gefehlt. Es war ihm bewußt, daß die Bande noch immer seine Loyalität testete. Er bemühte sich vor allem, einen guten Eindruck auf Supercool zu machen, denn der galt mehr als Horse, obwohl Horse um einen Kopf größer war.

Supercool war kräftig und muskulös. Er trug sein blondes Haar betont lang, und die Art, wie er sich gab, bewirkte zwangsläufig, daß man ihn ernst nahm. Er hatte immer ein Messer bei sich und prahlte, daß er es jedem in den Leib rennen würde, der ihm vor die Klinge käme. Zwar hatte er noch nie Ernst gemacht – Horse warf ihm überhaupt vor, er habe nur zuviel ferngesehen –, aber dennoch wagte es keiner, Supercool das Messer abzunehmen.

Kaum hatte sich Solo zu Supercool gesetzt, standen die anderen auf, um zur Bowling-Bahn zu gehen. Solo wartete auf einen Wink, um ihnen zu folgen. Aber Supercool schien ganz in Gedanken versunken, blieb hocken und nippte an seinem Coca-Cola. Dann wandte er sich unvermittelt mit einem vielsagenden Lächeln an Solo und fragte ihn, ob er Lust hätte, ein bißchen Hasch zu rauchen. Das hatte Solo noch nie versucht. Er erschrak, aber ein Nein kam nicht in Frage. Ohne zu zögern nickte er, und kurz darauf ging er hinter Supercool quer durch fremde Gärten, lief über die Rasenflächen hinter den Häusern oder glitt durch die engen Pfade zwischen den Villen.

Beim Laufen erklärte Supercool, daß er von einem Studenten gehört habe, der Hasch verkaufte, so oft er mehr hatte, als er für den eigenen Bedarf brauchte. Er sei einer der wenigen, die Stoff auch an Kinder abgaben, hieß es. Sie brauchten die Sache bloß geschickt anzupacken.

Als sie das bewußte Haus erreicht hatten, schlenderten sie wie zufällig auf dem gegenüberliegenden Gehsteig auf und ab, und Supercool pfiff leise. Der Student kannte das Signal, und falls er daheim war, würde er aus dem Haus kommen und die beiden an der nächsten Ecke erwarten.

»Alles klar!« gab sich Solo gelassen, um vor Supercool nicht wie ein ahnungsloser Idiot dazustehen, und folgte ihm.

Die Jungen kletterten von dem tiefergelegenen Weg über eine kleine Böschung in einen sonnenbeschienenen Garten – und prallten zurück, als sie sich plötzlich dem alten Mann gegenübersahen, der am Rande des Rasens, beinahe noch im Schatten des kleinen Hauses, in einem Gartenstuhl saß. Sie konnten nicht auf Anhieb erkennen, ob er wach war. Er bewegte sich nicht; die knochigen Hände pendelten schlaff von den Armlehnen.

Obwohl es ein heißer Junitag war, trug der Mann einen Schal um den Hals. Abgesehen von kleinen weißen Haarbüscheln an den Seiten war sein Kopf kahl; die Haut glänzte wie verblichenes Pergament.

Der Mann schlief aber nicht, denn als die Jungen sich an ihm vorbeischleichen wollten, fühlten sie sich plötzlich von seinem durchdringenden Blick ertappt. Die Augen des Alten waren blau, intensiv blau, blau wie der Himmel.

Plötzlich hob sich eine dürre Hand von der Stuhllehne und winkte die Jungen näher heran. Das faltige Gesicht verzog sich zu einem unfreundlichen Grinsen.

»Bittet man nicht um Erlaubnis«, sagte der Alte mit überraschend kräftiger Stimme, »ehe man durch einen fremden Garten geht?«

Wie gebannt vom Klang dieser Stimme standen die beiden Jungen bewegungslos und stumm.

»Ich habe gefragt, ob man nicht um Erlaubnis bittet, ehe man durch einen fremden Garten geht. He, du! Ich rede mit dir!« Sein knochiger Finger wies auf Solo.

Solo blickte seinen Gefährten an und zuckte mit den Schultern.

»Ist meine Frage etwa komisch oder ungewöhnlich?« beharrte der Alte.

»Wir haben nicht gesehen, daß Sie da waren«, sagte Solo. Der Alte spitzte nachdenklich die Lippen, dann sank er in den Stuhl zurück. »Okay«, sagte er. »Wie heißt du?«

»Meinetwegen können Sie mich Solo nennen.«

»Und du?«

»Was geht Sie das an?« gab Supercool schnippisch zurück.

Der Alte kicherte. »Die Manieren haben sich offenbar in den letzten vierzig Jahren nicht gebessert. Also noch einmal, ganz freundlich und höflich: Wie heißt du?«

»Wie heißen denn Sie?«

»Ich bin Mr. Beck. Nett, daß du danach fragst. Vielen Dank.«

Die Jungen blickten einander verwirrt an und starrten dann wieder auf den Alten, der jetzt über das ganze Gesicht grinste.

»Ich habe beinahe vergessen, daß es noch Kinder gibt«, sagte er. »Es fällt mir schwer, euer Alter zu schätzen. Du, zum Beispiel!« – wieder wies er auf Solo –, »ich nehme an, du bist etwa zwölf.«

Das traf. »Ich bin beinahe vierzehn«, erwiderte Solo.

»Oho. Siehst du: Ich kann es tatsächlich nicht mehr richtig einschätzen«, sagte der Alte und lachte grimmig.

Wieder blickten die beiden Jungen einander an.

»Und jetzt sag mir, wie du wirklich heißt, Solo«, forderte ihn der Alte unvermittelt auf.

Solo starrte ihn bloß an.

Mr. Beck lächelte. »Ausgezeichnete Manieren. Vorbildlich.« Er lehnte sich erneut vor, um die Jungen besser betrachten zu können. »Ihr Rotznasen habt euch also in den vierzig Jahren so gut wie gar nicht geändert? Habe ich recht? Nichts hat sich geändert, seit ich zuletzt mit euresgleichen zu tun hatte. Die Zeiten ändern sich, aber ein Lausejunge bleibt ein Lausejunge. Stimmt's? Habe ich recht?« Er klatschte herzhaft mit der Hand auf die Stuhllehne.

Die Jungen starrten ihn unverwandt an: den sonnengebräunten Kahlschädel, den karierten Schal, die viel zu großen, grauen Hosen, die schwarzen Schuhe, die daraus hervorragten und auf dem Rasen lagen, als gehörten sie nicht zu diesem ausgemergelten Körper, den der erste Windhauch wie einen Zweig davonwehen konnte.

Der alte Mann schien nur aus Augen, Händen und einem bösartigen Grinsen zu bestehen.

»Komm!« flüsterte Supercool und nickte Solo zu. »Wir verziehen uns.«

»Du da!« rief Mr. Beck herausfordernd. »Ich wette,

du hast ein Messer bei dir. Los, streite es ab! Versuch's doch!«

Supercools Augen weiteten sich. »Wieso wissen Sie das?«

»Dummkopf. Ich kann die Kontur des Griffs in deiner rechten Hosentasche sehen.«

»Ich bin bei den Pfadfindern.«

Mr. Beck lachte. »Du? Du doch nicht.«

»Woher wollen Sie denn das wieder wissen?«

»Ich sehe mir die Menschen eben genau an. Ich habe die Kunst des Sehens zur Vollendung gebracht.«

Daraufhin mußten die Jungen kichern. Sie warfen einander vielsagende Blicke zu: Der Alte war ein Spinner.

»Komm endlich!« sagte Supercool und machte einen ersten Schritt auf den Zaun zu.

»Warte!« befahl Mr. Beck. »Man darf ein Messer nie so auffällig herumtragen. Damit verrät man den Leuten zuviel. Ich kannte mal einen Kerl, der wirklich etwas von Messern verstand. Von dem weiß ich das.« Der Alte räusperte sich. »Und jetzt hau ab, du Punk. Verschwinde.«

Supercool betrachtete aufmerksam das verzerrte Gesicht, zuckte mit den Schultern und schlenderte betont lässig davon, die Hände in den Hosentaschen. Dabei gähnte er ausgiebig. »Mir langt's«, rief er Solo zu und schwang sich über den Zaun in den Nachbargarten.

»Du bleibst noch!« gebot Mr. Beck Solo.

»Auch gut«, sagte Supercool fröhlich. »Laß ihm den Spaß. Du weißt ja, wo du mich finden kannst. Ich warte dort auf dich.«

»So ist's recht, Solo«, sagte Mr. Beck. »Bleib noch ein Weilchen, damit du herauskriegen kannst, ob ich wirklich spinne.«

Supercool lachte und verschwand.

Am liebsten wäre Solo ihm gefolgt. Nichts als seine Neugierde hielt ihn zurück. Er stützte die Arme in die Hüften und starrte den Alten trotzig an.

»Komm her. Na, komm schon!« redete Mr. Beck ihm zu. »Ich beiße nicht.« Solo zögerte, dann trat er bis auf wenige Schritte an den Alten heran.

»Danke«, sagte Mr. Beck freundlich. »Ich will ja nichts weiter, als endlich wieder einen so jungen Menschen wie dich aus nächster Nähe sehen. Ich bin zweiundachtzig.«

Zweiundachtzig. Also sieben Jahre älter als Solos Großvater, als er starb. Damals hatte Solo gedacht, noch älter könne man eben nicht werden. Großvater hatte noch im Zweiten Weltkrieg gekämpft, irgendwo in Italien, gegen die Deutschen.

»Sind Sie auch im Krieg gewesen?« fragte er Mr. Beck.

»Welchen meinst du? Es stehen nämlich mehrere zur Wahl.«

»Im Zweiten Weltkrieg.«

»Dazu fehlte mir die Gelegenheit. Ich habe mich zum Ersten angemeldet, bin aber nicht mehr nach Frankreich gekommen.«

»Sie waren im Ersten Weltkrieg?«

»Von Korea und Vietnam habe ich auch nichts gesehen«, sagte Mr. Beck nachdenklich, als müsse er erst überlegen, was er während dieser beiden Kriege getan hatte. »Ich habe bloß davon gehört.«

Plötzlich forderte er Solo auf: »Schau mich an!«

Solo tat es.

»Schau genau!«

»Mach ich.«

»Ganz genau!«

»Mach ich ja«, wiederholte Solo ungehalten.

»Sag mir, was du siehst. Sag mir möglichst exakt, was du siehst. Ohne Umschweife.«

Für ungewöhnliche Fragen hatte Solo im Umgang mit Erwachsenen eine Standardantwort. »Keine Ahnung.«

»Ich weiß, daß du keine Ahnung hast«, knurrte Mr. Beck. Er ließ den Arm durch die Luft kreisen. »Und was ist das hier?«

Solo blickte sich um. »Ein Garten, nehme ich an.«

»Stimmt. Stimmt haargenau: Du nimmst es an. Du weißt es nicht, du glaubst es nur. Du schaust dich um, aber du siehst nichts. Ich hingegen könnte dir zeigen, was hier wirklich ist. Ich habe nämlich in den letzten vierzig Jahren nichts anderes getan, als die Dinge zu betrachten. Ich habe dafür meine eigene Methode entwickelt.«

Solo fühlte sich unbehaglich. Am liebsten wäre er jetzt Supercool nachgelaufen, selbst wenn er dann zum erstenmal in seinem Leben Hasch rauchen müßte. Das war immer noch besser, als diesem verrückten Alten zuzuhören. Und doch rührte Solo sich nicht von der Stelle; der intensive Blick aus den blauen Augen hielt ihn gefangen.

»Nun?« fragte Mr. Beck. »Wie wär's? Hast du das Zeug dazu, den Versuch zu wagen? Möchtest du diesen Garten sehen?« Der Alte grinste in die Stille. »Jetzt hältst du mich wieder für blöd, was? Aber ich will dir etwas verraten: Du bist blöd, ja, du, wenn du nicht morgen wiederkommst und damit beginnst, dir diesen Garten anzusehen.«

Solo blieb ihm die Antwort schuldig. Langsam, so unauffällig wie möglich, setzte er sich in Bewegung und verließ den Garten, wo er ihn betreten hatte: beim Hohlweg. Am Rand des Rasens blieb er kurz stehen, wandte sich um und brummte über die Schulter zurück: »Ich heiße Eric.«

Am nächsten Morgen erwachte er, als die Sonne auf seine nackte Brust schien. Er blinzelte und versuchte, sich an den Traum zu erinnern, hatte ihn aber bereits verloren. Dann spähte er zum anderen Bett hinüber und stellte mit Erleichterung fest, daß sein jüngerer Bruder bereits aufgestanden war, Roddy war neun – alt genug, eine Nervensäge zu sein, zu jung, um einen Kumpel abzugeben.

Eric hätte gern ein eigenes Zimmer gehabt, und er hätte es auch bekommen, wenn nicht die Sache mit den

Schulfenstern dazwischengekommen wäre. Sie hatte ihn um die Chance gebracht.

Er hörte das Geräusch vor den Fenstern. Ein Wagen schob sich im Rückwärtsgang aus der Einfahrt. Am lauten Dröhnen konnte er den Porsche erkennen, den Mutter wie üblich malträtierte. Eric blieb liegen und wartete, bis er auch das satte Schnurren des Cadillac hörte, den Vater vorsichtig auf die Straße steuerte.

Eric blickte auf die Uhr, die er letztes Jahr für die gute Note bekommen hatte. In ein paar Minuten würde seine Schwester abhauen, zu ihrem Ferienjob bei MacDonald's.

Er wartete, bis die Tür ins Schloß fiel: Susan war fort. Roddy war wahrscheinlich schon unterwegs zum Fußballplatz. Damit war endlich die ganze Familie aus dem Haus. Seit der Sache mit den Schulfenstern war Eric ihr möglichst oft aus dem Weg gegangen...

Die Geschichte war knapp vor Schulschluß passiert. Bones und er waren in Larrys Restaurant gewesen, hatten sich dann auf die Räder gesetzt und waren losgebraust: mit einer Mordswut im Bauch, ohne besondere Absicht, einfach genervt von dem Gedanken an die Schule und die Zukunft ganz allgemein. Und sie mußten den Druck irgendwie loswerden. So waren sie dahingeradelt, und plötzlich starrten ihnen in der Abenddämmerung die Fenster des Schulhauses entgegen. Ihre Schule, von der sie nun bald abgehen würden. Ihre Schule, in der man sie gedemütigt, verraten und schamlos ausgenutzt hatte.

Ohne Absprache waren sie hierhergekommen. Wie ein Magnet die Eisenfeilspäne anzieht, so hatte das Haus sie zu sich geholt.

»Komm!« sagte Eric.

»Wohin?« wollte Bones wissen.

»Munition beschaffen.«

Wieder fuhren sie los. Diesmal zu einem verlassenen Bauplatz.

Erst als die Zeit fürs Abendessen schon lang vorbei war,

kamen sie zur Schule zurück, die Packtaschen prall gefüllt mit Steinen. Die stapelten sie vor dem Haus auf, systematisch, mit eiskalter Entschlossenheit.

Dann kicherte Bones, blinzelte zu den Fenstern hinauf, in denen sich mittlerweile der Mond spiegelte, und sagte: »Im Ernst? Sollen wir?«

Als Antwort warf Eric den ersten Stein. Das Klirren der Scheibe tilgte die Erinnerung an die alte Schule aus seinem Gedächtnis und die Furcht vor der neuen. Mit Feuereifer schleuderte er den nächsten Stein und legte das ganze Gewicht aller tatsächlichen und eingebildeten Frustration in den Wurf. Dann wuchtete auch Bones einen Brocken hoch und zielte.

Sie ließen Stein um Stein gegen die Scheiben prasseln – mit solcher Verbissenheit, daß sie nicht einmal das Blitzen des Blaulichts bemerkten, als der Streifenwagen die Straße entlangkam.

»Halt! Stehenbleiben!« rief eine Stimme.

Jetzt war nichts mehr zu machen. Man brachte sie auf die Polizeistation. Dort gestanden sie bereitwillig ihre Tat, ohne allerdings dem Wachtmeister oder den Eltern das Motiv für ihren Vandalismus angeben zu können. Weil sie beide bisher unbescholten waren, kamen sie mit sechs Monaten Bewährung davon.

Kaum eine Woche nach diesem Abenteuer begann die Bande ihn bei seinem neuen Namen zu rufen: Solo. Eric nahm an, daß sie ihn so nannten, weil er eher ein Einzelgänger war; aber natürlich fragte er nie nach einer Erklärung. Er war ja noch neu in der Gruppe. In gewissem Sinn stand er jetzt zweifach unter Bewährung: bei der Polizei und bei seinen Freunden ...

Jetzt war er also allein im Haus. Er konnte aufstehen, nach unten gehen und sich das Frühstück richten.

Er nahm drei Treppenstufen auf einmal, schluckte Luft und rülpste kräftig.

Auf dem Frühstückstisch standen die Teller und Gläser und warteten auf die Haushaltshilfe, die nun jeden Tag kam, seit Erics Mutter pausenlos für ihre zahllosen Wohlfahrtskomitees unterwegs war.

Eric toastete ein paar Brotscheiben und wärmte den Kaffee auf, den Mutter in der Kanne zurückgelassen hatte.

In der Familie war man stillschweigend übereingekommen, daß Eric allein essen durfte. Er war gern beim Frühstück allein. Dann konnte er nämlich den Fernseher in der Küche einschalten und sich die Rührgeschichten ansehen; das hätte seine Mutter nie gestattet. Eric hatte eine Vorliebe für Fernsehserien; sie boten mehr Abwechslung als das Leben in Forest Park.

Er aß fünf dick mit Butter und Marmelade beschmierte Scheiben Toast und trank dazu drei Tassen Kaffee, aber keinen Orangensaft: Den mußte er ohnedies immer trinken, wenn Mutter da war. Im Fernsehen gestand indessen eine Laura Miles einem Dr. Michael Rollins, ihr soeben verstorbenes Baby sei gar nicht ihr leibliches Kind gewesen. Die wahre Mutter sei vielmehr eine gewisse Grace Andrews, mit der ihr Mann Richard ein Verhältnis gehabt habe; und nun müsse man den Tatsachen eben mutig ins Auge blicken. Daraufhin legte Dr. Rollins Laura tröstend den Arm um die Schultern – und prompt ging die Tür auf, und Richard kam ins Zimmer. Ende der vierundzwanzigsten Folge. Das Bild fror ein: Die drei blickten mit allen Anzeichen von Empörung, Überraschung und Furcht aus der Mattscheibe.

Eric schaltete das Gerät aus und schlenderte ziellos durchs Haus. Er ging nach oben und kam an Susans Zimmer vorbei. Es hatte keinen Sinn, probeweise an der Klinke zu drücken; Susan schloß immer ab, wenn sie ging. Als ob es in ihrem Zimmer etwas Besonderes zu sehen gäbe!

Er betrat den Raum, den er mit seinem Bruder teilte, und ließ den Blick über Roddys Spielsachen schweifen, über seine eigenen Flugzeugmodelle, die er nun schon ein Jahr lang nicht mehr berührt hatte – und die Roddy nicht anfassen durfte, ehe er nicht ein Jahr älter war.

Eric gähnte. Er guckte aus dem Fenster. Vor den Nachbarhäusern fuhren oft Lieferwagen vor, und Boten mit Schirmmützen gaben Pakete ab. Es war eine gute Gegend; hier wohnten nur reiche Leute.

Er blickte auf die Uhr, denn er wollte aus dem Haus sein, ehe die Putzfrau kam. Sie war recht nett, aber sie redete zuviel.

Wieder ging er nach unten und überlegte, ob er der Verlockung nachgeben sollte, noch einmal den Fernseher anzustellen. Er hätte sich gern noch ein schönes Rührstück zu Gemüte geführt; aber zu dieser Tageszeit standen nur ein ödes Quiz und das Kleinkinderprogramm zur Auswahl. Es wäre zwar nicht das erstemal gewesen, daß Eric sich heimlich die Kindersendung angesehen hätte, aber er schämte sich sogar vor sich selbst, das zuzugeben.

Während er am kalten Kaffee nippte, überlegte er, wie er die Zeit totschlagen sollte, ehe er die Bande bei Larry treffen würde. Er könnte mit dem Rad zu Supercool fahren – aber in dessen Haus war er kein willkommener Gast. Schon fünfmal war er in diesem Sommer dort gewesen, und immer hatte Mrs. Lindblum behauptet, ihr Sohn sei nicht daheim; dabei hatte Supercool ihm vom Fenster aus zugewinkt! Der gute Junge durfte zwar ein Messer besitzen und Hasch rauchen – aber einen Freund, der unter Polizeiaufsicht stand, ließ man nicht über die Schwelle.

Eric wußte noch immer nicht, was er von der gestrigen Sache halten sollte. Nachdem er den seltsamen Alten und den Garten verlassen hatte, war er, wie vereinbart, zu dem bewußten Haus zurückgekehrt, hatte es auch gefunden, Supercool dort aber nicht angetroffen. Eine halbe Stunde lang hatte er sich vergeblich in der Nachbarschaft herumgetrieben. Ob der Dealer Supercool abgewimmelt hatte?

Aber dann hätte er doch an der nächsten Ecke auf seinen Freund warten können! Kein anderer hätte es wagen dürfen, Eric ohne jede Erklärung zu versetzen; nur von Supercool mußte er es wohl hinnehmen.

Eric ging aus dem Haus und zur Garage. Das Tor ließ sich seit neuestem mit einem elektronischen Signal öffnen und schließen. Vater war nämlich fasziniert von jedem Kästchen, mit dem man auf Knopfdruck etwas bewirken konnte, und im Augenblick war die Torautomatik sein Lieblingsspielzeug.

Eric kontrollierte das Fahrrad. Er ließ die Schaltung schnappen und tappte prüfend mit der Fußspitze gegen die Speichen, um sich zu vergewissern, daß sie stramm saßen. Manche Jungen wußten wirklich über Fahrräder Bescheid. Zap, zum Beispiel. Der konnte auf Anhieb und auf eine Distanz von drei Häuserblocks jedes Rad erkennen, das Fabrikat und den Typ angeben, sagen, wieviele Gänge der Flitzer hatte und was er im Laden kostete.

Eric drückte mit dem Daumen auf die Reifen, streckte sich und seufzte. Bis Larrys Restaurant aufmachte, war noch Zeit. Ob er bis dahin einen kleinen Spaziergang machen sollte?

Er überquerte den Rasen hinter dem Haus und kletterte die steile Böschung hinunter auf den Hohlweg. Diese Pfade waren praktisch. Sie durchzogen, mit Ausnahme des Geschäftsviertels, die ganze Stadt; auf ihnen konnte man überall hinkommen.

Eric war schon eine Weile dahingeschlendert, ehe er überrascht erkannte, wohin der Weg ihn geführt hatte. Auch gut. Es war zwar nie seine Absicht gewesen, den Garten erneut zu betreten und den verrückten Alten zu besuchen, der dort hockte – aber genau das würde er jetzt tun.

Plötzlich fiel ihm wieder der Traum ein, der ihm zuvor entglitten war. In diesem Traum war ihm der alte

Mann begegnet, hatte gelacht und Eric etwas in einer unverständlichen Sprache zugerufen.

Sollte er sich wirklich mit dem alten Narren einlassen? Nun ja, das würde immerhin die Zeit vertreiben, bis Larrys Restaurant aufmachte und er die Clique treffen konnte.

Er kletterte die steile Böschung hoch und betrat den Garten. Der alte Mann saß am gleichen Platz wie am Vortag, und er trug denselben Schal um den dürren Hals. Neu war nur das Tischchen mit dem Krug und den Gläsern – zwei Gläsern.

Gerade wollte Eric es sich wieder überlegen und weggehen, da rief der Alte selbstzufrieden: »Da bist du ja! Gerade zur rechten Zeit.«

Eric blickte sich über die Schulter nach ihm um und sah, daß Mr. Beck ihn heranwinkte.

»Wer sagt denn, daß ich zu Ihnen wollte?« murrte er, kam aber ein paar Schritte näher.

»Niemand«, bestätigte Mr. Beck. »Und trotzdem kommst du gerade zur rechten Zeit.«

Eric blieb stehen.

»Weiter. Komm schon. Ich bin nicht verrückt.«

Eric deutete ein Lächeln an und ging weiter über den Rasen, bis er vor dem Alten stand.

»Ich würde dir ja ein Glas Limonade anbieten, aber du hast es dir noch nicht verdient. In diesem Garten bekommt man nichts geschenkt.«

»Hab ich irgend etwas verlangt?«

»Nein. Aber nach der Arbeit wirst du Durst haben.«

»Arbeit? Von Arbeit war gestern keine Rede!« Er scharrte mit den Schuhspitzen im Gras. Das alles war ja total idiotisch.

»Wohin schaust du?« fragte ihn der Alte plötzlich.

»Ich? Auf nichts. Na ja, auf meine Schuhe.«

»Jammerschade.«

Eric blickte überrascht auf.

»Was ist jammerschade?«

»Daß du nichts Besseres zu betrachten weißt als deine Schuhe«, sagte Mr. Beck und runzelte die Stirn. »Hier gibt es doch so viel zu sehen.«

Eric wußte nicht, wie er darauf reagieren sollte. Der Alte hatte geradezu leidenschaftlich gesprochen.

»Beschreibe mir, was du siehst!« befahl Mr. Beck. »Jetzt. In diesem Augenblick.«

»Einen Garten.«

»Einen Garten? Das zählt nicht. Du sollst mir sagen, was du siehst.«

»Ich weiß nicht...«

»Wenn du gehen möchtest«, sagte Mr. Beck kühl, »dann geh.«

»Im Ernst! Ich weiß es wirklich nicht. Ich sehe nichts Besonderes.«

»Dann schau dich um«, erwiderte Mr. Beck. »Verflucht noch mal, du hast doch Augen im Kopf!«

Das klang herzhaft, das gefiel Eric. Also musterte er den Garten ausgiebig. »Okay«, sagte er dann. »Jetzt habe ich mir alles angeschaut.«

»Dann los. Aber exakt.«

»Ich sehe das Haus.«

»Du meinst: du siehst die Rückseite des Hauses. Die Ostseite.«

»Meinetwegen«, knurrte Eric. Wieder wäre er am liebsten abgehauen. Aber die bezwingende Stimme und die brennenden blauen Augen hielten ihn zurück.

»Beschreibe mir jetzt genau alles, was du siehst. Fang bei der nordwestlichen Ecke an.«

Eric blickte zu der Abgrenzung neben der kleinen Garage und sagte: »Da sind Blumen.«

»Was für Blumen?«

»Weiß ich nicht.«

»Purpurwinden. In einer Stunde werden sie sich schließen.« Mr. Beck winkte ungeduldig. »Weiter.«

Zögernd, aber methodisch beschrieb Eric den Rest des Gartens: ein Blumenbeet, einen Baum, einen Strauch, einen Zaun. Noch ein Blumenbeet, noch einen Baum, noch einen Strauch. Als er fertig war, stemmte er die Hände in die Hüften. Der Garten kam ihm jetzt, nach dieser Aufzählung, plötzlich größer vor.

»Fertig?« erkundigte sich Mr. Beck, und als Eric nickte, lachte er und sagte: »Du hast etwas vergessen.«

Eric blickte sich um, obwohl er sicher war, nichts übersehen zu haben.

»Die Vogeltränke!« konstatierte Mr. Beck ungehalten.

»Ach ja. Richtig.«

»Ach ja. Richtig«, wiederholte Mr. Beck sarkastisch. »Nun, wollen wir beginnen?«

»Beginnen? Womit?«

»Womit wohl? Mit dem, was wir gestern vereinbart haben. Daß du dir den Garten ansiehst.«

»Das habe ich doch gerade getan.«

Mr. Beck langte mit zitternden Händen nach einem Gegenstand, der auf dem Tischchen lag, und warf ihn Eric zu, der ihn geschickt auffing. Es war ein Maßband in einem Metallgehäuse.

»Miß den Garten aus.«

»*Was* soll ich tun?«

»Ich habe gesagt: Miß den Garten aus. Stück für Stück. Wo befinden sich die Blumenbeete? Wie groß sind sie? Wo stehen Bäume? Wie hoch ist der Zaun? Welchen Durchmesser hat die Vogeltränke? Miß alles ab, außer uns beiden.« Mr. Beck wies auf ein kleines Notizbuch, das auf dem Tischchen lag. »Hier kannst du alles eintragen.«

Eric versuchte, dem Blick der blauen Augen standzuhalten, schaffte es aber nicht. »Meinetwegen«, murmelte er.

Mr. Beck forderte ihn auf, von einem Baum im Hohlweg einen starken Zweig abzuschneiden, daraus Pflöcke zu schnitzen und damit das eine Ende des Maßbandes im

Boden zu verankern. Dazu wies er auf das Küchenmesser, das auf dem Tischchen lag.

Wortlos nahm Eric das Messer, kletterte über die Böschung auf den Pfad hinunter und hielt nach einem tiefhängenden Ast Ausschau. Er fand ihn, zog ihn zu sich und setzte das Messer an. Plötzlich hielt er inne. Was machte er denn da? Wollte er tatsächlich einem alten Spinner den blöden Garten ausmessen? Warum tat er eigentlich alles, was der Alte von ihm verlangte? Aber sobald das Messer durch den Ast schnitt, zerbrach er sich nicht weiter den Kopf. Im Handumdrehen waren die Pflöcke geschnitzt, und Eric kehrte in den Garten zurück.

Eine volle Stunde lang rollte er das Metallband aus, befestigte es am Boden und nahm die verschiedenen Maße. Noch nie hatte er eine vergleichbare Arbeit getan, noch dazu mit solcher Gewissenhaftigkeit; aber andererseits war er auch noch nie von einem so brennenden Blick beobachtet worden.

Als Eric eine Seite des Gartens ausgemessen hatte, trug ihm Mr. Beck auf, das Ergebnis zu kontrollieren, und schließlich mußte Eric alles ein drittes Mal ausmessen, um sicherzustellen, daß die Angaben tatsächlich korrekt waren. Erst jetzt nickte Mr. Beck zufrieden.

»Gut«, sagte er. »Wenn wir den Durchschnitt aus den drei Messungen nehmen, ergibt das zehn Meter fünfundsiebzig für die Länge der Westseite.« Es klang, als verkünde er einen olympischen Rekord.

»Und jetzt weiter!« befahl Mr. Beck – und Eric war für den Rest des Vormittags beschäftigt. Er zeichnete eine kleine Skizze in das Notizbuch und trug darin die Zahlen ein. Das war natürlich irgendwie idiotisch, aber die Zeit verging bei der Arbeit wie im Flug.

Zuletzt bot ihm Mr. Beck ein Glas Limonade an. Der Alte sah aus wie eine schlecht ausgestopfte Strohpuppe, aber er war tatsächlich kein Spinner. Eric lächelte ihm zu;

Mr. Beck erwiderte das Lächeln. Die Eiswürfel im Krug waren längst geschmolzen, die Limonade war jedoch noch kalt. Eric trank, ohne abzusetzen. Sein schweißdurchtränktes T-Shirt klebte am Körper.

»Schmeckt die Limonade?« erkundigte sich Mr. Beck, der nur daran genippt hatte.

Eric nickte.

»Nimm dir noch ein Glas.« Während Eric es sich eingoß, seufzte der Alte. »Als ich noch sehr jung war, ging ich zur See. Das meiste habe ich bereits vergessen – ganze Jahre sind wie ausgelöscht –, aber ich erinnere mich noch sehr genau an einen Schluck Wasser, den ich einmal an einem höllisch heißen Tag nach schwerer Arbeit bekam.«

Eric wartete darauf, daß Mr. Beck weitererzählen würde. Alte Menschen liebten es, in der Vergangenheit zu kramen, das wußte er. Großvater hatte oft stundenlang drauflosgebrabbelt. Mr. Beck hingegen ließ es mit diesem knappen Hinweis bewenden. Obwohl Eric gern mehr über ihn erfahren hätte, war er doch froh, daß Mr. Beck nicht weiterredete. Er hatte immer Mühe gehabt, den Berichten von längst vergangenen Abenteuern zu lauschen. Er konnte sich nicht so recht vorstellen, daß jemand, der jetzt verhutzelt und schwach war, einmal tatsächlich alle diese Superleistungen vollbracht haben sollte. Daher war er erleichtert, als Mr. Beck ihm gebot, mit dem Messen weiterzumachen.

Als er endlich fertig war, wischte er sich den Schweiß aus den Augen und betrachtete nicht ohne Stolz die kleine Skizze im Notizbuch. Er hatte sie angefertigt; sie war sein Werk. Aber: was sollte er jetzt mit ihr anfangen?

Wie zur Antwort sagte Mr. Beck: »Es ist dir hoffentlich klar, daß das erst der Beginn war.«

Eric blickte von der Skizze auf.

»Oder hast du angenommen, damit sei die Sache erledigt?« Mr. Beck runzelte mißbilligend die Stirn. »Hast du ernsthaft gedacht, es genügt, einen Garten auszumessen, und schon hat man ihn im Kopf und im Herzen?«

Eric zögerte, dann erwiderte er rundheraus: »Ich habe mir überhaupt nichts dabei gedacht.«

»Sehr gut. Das freut mich.« Mr. Beck lächelte leise. »In Wirklichkeit hast du nämlich tatsächlich bloß einen Anfang gesetzt. Du weißt jetzt ein wenig mehr über den Garten: Du kennst seine Größe und seinen Grundriß. Aber weißt du auch, was das bedeutet? Das bedeutet nicht mehr, als wenn du von einem Menschen sagen kannst, er sei einen Meter fünfundsiebzig groß und wiege hundertvierzig Pfund. Über den Menschen selbst sagt das herzlich wenig aus. Es verrät dir absolut nichts über sein Wesen, über das, was er fühlt und wie er sich verhält. Es beschreibt weder seine Liebe noch seinen Haß oder seine Träume.« Mr. Beck klatschte mit den Handflächen auf die Stuhllehne. »Genug für heute«, erklärte er. »Mit zweiundachtzig hat man das Recht, müde zu werden.«

»Soll ich Ihnen ins Haus helfen?« fragte Eric impulsiv.

Die blauen Augen verengten sich. »Danke. Das schafft die Maschine noch von selbst.«

Eric merkte, daß er einen Fehler gemacht hatte. Es war eben nicht einfach, mit einem schrulligen Alten umzugehen. »Kann ich dann vielleicht den Krug und die Gläser ins Haus tragen?«

»Das wird meine Tochter besorgen, wenn sie von der Arbeit kommt«, sagte Mr. Beck.

Eric zuckte mit den Schultern und versuchte das lange, peinliche Schweigen mit einem Blick in die Runde zu überbrücken.

»Bis morgen!« sagte Mr. Beck zuletzt mit Bestimmtheit.

Eric legte das Maßband auf den Tisch und wandte sich zum Gehen.

»Nein. Das gehört dir.« Mr. Beck nahm es auf. »Du wirst es noch brauchen«, sagte er und warf es ihm zu.

Einen Augenblick überlegte Eric, ob er Mr. Beck dafür danken solle, aber der Alte zeigte einen so abweisenden Gesichtsausdruck, daß Eric es bleiben ließ. Mr. Beck ging einfach davon aus, daß Eric morgen wiederkommen und die Arbeit fortsetzen würde – was immer es auch zu tun geben mochte. Irgendwie hatten sie den gewaltigen Altersunterschied überwunden; zwischen ihnen war da jetzt etwas; eine seltsame Verbundenheit; als seien sie zwei Forscher, die voneinander abhängig waren, wenn sie überleben wollten. Irgend etwas in dieser Art. Als Eric auf den Hohlweg hinunterkletterte, stellte er sich das bildhaft vor: zwei Männer in dicken Pelzjacken, mitten in der Arktis. Mühsam stemmten sie sich gegen den eisigen Wind...

Er hatte den Weg erreicht. »Bis morgen!« rief der Alte ihm nach. »Und komm nicht zu spät!«

Zum Abendessen gab es Eintopf und Salat. Mutter hatte einmal einen Kurs für Feinschmeckerküche besucht, fand aber nie Zeit, das Gelernte auch in die Praxis umzusetzen. Meist kochte die Haushaltshilfe einen Eintopf vor und stellte ihn tagsüber im Ofen warm.

Eric schlang seine Portion hinunter. Die Arbeit im Garten hatte ihn hungrig gemacht. Als er fertig war, legte er die Hände neben dem Teller auf den Tisch und sah seiner Schwester beim Essen zu. Susan setzte leicht Gewicht an und hielt daher ständig Diät. Sie kam zu einer Mahlzeit wie der Soldat aufs Schlachtfeld: beunruhigt, wachsam und voll Mißtrauen. Nervös stocherte sie mit der Gabel im Fleisch und zerrte auch das kleinste Fettrestchen von den Fasern, ehe sie sich ein paar mickrige Bissen gönnte. Außer Eric wußte keiner, wie sie hinterher mit ihrem Hunger fertig wurde. Mehr als einmal war sie nämlich in seinem Zimmer aufgetaucht, hatte den Kopf zur Tür hereingesteckt und mit mühsam gespielter Gleichgültigkeit gefragt, ob er nicht zufällig eine Knusperstange erübrigen könne. Eric hielt seitdem eigens für Susan einen kleinen Vorrat in seiner Schreibtischlade bereit. In letzter Zeit hatte es zwischen ihnen kaum noch Krach gegeben, aber sie waren nach wie vor stets auf der Hut voreinander. Die Knusperstangen dienten gewissermaßen als Ersatz für die Friedenspfeife.

Auch Roddy war inzwischen mit dem Essen fertig geworden und starrte Löcher in die Luft. Eric bewunderte die Geduld, die sein jüngerer Bruder aufbrachte. Im Umgang mit Erwachsenen trat Roddy kaum je ins Fettnäpfchen; er wußte instinktiv, wie er es ihnen recht machen konnte. Mit Vater verstand er sich besonders gut; das lag daran, daß sie beide eher bedächtige Typen waren und Wert auf Ruhe und Ordnung legten. Vater aß sogar nach festem Plan und mit Methode: Erst kam das Fleisch, dann das Gemüse, zuletzt der Salat. An dieser Reihenfolge war nicht zu rütteln.

Mutter, andererseits, aß hektisch und unkonzentriert, weil sie vor lauter Reden kaum etwas in den Mund brachte. Während sie sprach, kreiste die Gabel unentschlossen über dem Teller, um dann plötzlich gnadenlos zuzustoßen und aufzuspießen, was ihr gerade unter die Zinken kam.

Heute berichtete sie von einer ihrer unzähligen sozialen Verpflichtungen. Meistens schaltete Eric ab, sobald sie damit anfing, aber jetzt spitzte er beim Stichwort »Altenbetreuung« die Ohren. Es erinnerte ihn an Mr. Beck. Mutter saß unter anderem in einem Komitee, das einen Klub für Senioren betreute, und heute morgen hatte sie es übernommen, einen neuen Mitbürger in Forest Park zu begrüßen. »Der Mann ist zweiundachtzig«, erzählte sie.

Eric wurde hellhörig.

»Ja«, sagte Vater im üblichen Tonfall, der nichts verriet. Es war weder eine Feststellung noch eine Frage...

Mutter berichtete, die Tochter, eine gewisse Miß Beck, besitze einen kleinen Souvenirladen in der Cottage Lane.

Sie habe ihren greisen Vater irgendwann im Frühling in die Stadt geholt. Als Eric den Namen Beck hörte, setzte er sich kerzengerade.

»Ja«, sagte Vater wieder. Er war mit dem Gemüse fertig und wandte sich nun dem Salat zu. Mutters Gabel verharrte über dem Teller.

»Ich war heute vormittag dort«, erzählte sie weiter. »Als ich anklopfte, kam Miß Beck an die Tür, öffnete aber nur einen Spalt und wollte mich nicht einlassen, obwohl ich wiederholt versicherte, ihr nichts aufschwatzen zu wollen. Selbst nachdem ich mich vorgestellt hatte, machte sie die Tür nicht weiter auf! Plötzlich begann im Haus jemand mit geradezu furchterregender Stimme nach ihr zu rufen. Ich fragte: ›Ist das Ihr Vater?‹ Aber bevor sie noch antworten konnte, brüllte dieser abscheuliche Mensch: ›Verflucht noch mal! Schick dieses Weib zum Teufel!‹«

Eric mußte grinsen.

»Du findest das lustig?« empörte sich Mutter. »Was gibt es denn da zu lachen? Ich nehme mir eigens die Zeit, einen alten Mann bei uns willkommen zu heißen, und werde zum Dank angepöbelt. Also ich weiß wirklich nicht, was daran so komisch sein sollte.«

Eric fühlte alle Blicke auf sich gerichtet. »Entschuldige«, murmelte er. »Ich habe gerade an etwas anderes gedacht.« Mutter war eingeschnappt. »Wenn du meinst, daß das besonders komisch ist – bitte, meinetwegen. Aber dann erkläre mir gefälligst, was dich daran so erheitert.«

»Ich habe wirklich an etwas anderes gedacht«, wiederholte Eric. Das stimmte sogar. Er hatte sich soeben eine kleine Szene ausgemalt: Seine Mutter kam in den Garten, um Mr. Beck zu begrüßen, und der drückte ihr daraufhin ein Maßband in die Hand.

Eric hätte gern erzählt, was er heute erlebt hatte. Aber wie sollte er seiner Familie erklären, was er selbst nicht ganz begriff? Er durfte doch nicht sagen, daß ihn ausgerechnet dieser zweiundachtzigjährige Mann, der Mutter fortgeekelt hatte, dazu überreden konnte, den Garten auszumessen. Seit der Sache mit den Schulfenstern betrachtete man Eric in der Familie ohnehin voll Argwohn. Was er von Mr. Beck und dessen Garten zu berichten hatte, würde ihr Vertrauen zu ihm kaum festigen.

Es war wohl das beste, den alten Mann überhaupt zu vergessen.

Am nächsten Tag war Eric pünktlich zur Stelle. Mr. Beck wartete bereits ungeduldig darauf, daß sie weitermachten. Er fragte, ob man in der Schule noch Mathematik unterrichte, denn Eric müsse heute Flächenberechnungen anstellen. Zu welchem Zweck, verriet er nicht. Eric kannte den Alten mittlerweile gut genug, um zu wissen, daß er das erst sagen würde, wenn er es für richtig hielt, und nicht eher.

Mr. Beck schob ihm das Notizbuch hin und forderte ihn auf, jede Blume und jeden Baum im Garten nach ihrer Art zu bestimmen und das Ergebnis in der Skizze einzutragen. Sollte er nicht alle Pflanzen kennen, müsse er sich eben Fachbücher beschaffen und darin nachschlagen.

Eric beugte sich über die Skizze. Es beunruhigte ihn einigermaßen, daß der Alte mit ihm sprach, als dulde er keine Widerrede. Genau das war es, was Eric an der Schule so haßte. Und jetzt hatte er Sommerferien und ließ sich schon wieder herumkommandieren, und nicht einmal von einem Lehrer. Andererseits konnte er verstehen, was Mr. Beck bezweckte: Wenn Eric schon den Garten beschreiben sollte, dann am besten gleich richtig. Schließlich hatte jede Pflanze ihren Namen; eine Blume war eine Rose oder ein Hahnenfuß, ein Baum eine Fichte oder eine Eiche; und da die Skizze jeden Standort angab, konnte er ebensogut die Artbezeichnung dazuschreiben.

Eric holte tief Luft und faßte einen Entschluß: Ja, er würde die Bücher beschaffen. Als er das Mr. Beck mitteilen wollte, sah er überrascht, daß der Alte den Kopf hängen ließ; das verknitterte Gesicht war auf die magere Brust gesunken: Mr. Beck war eingeschlafen – plötzlich, wie ein Baby.

Zuerst war Eric wütend auf den alten Mann, der müde und schwach in seinem Gartenstuhl hockte; aber dann erinnerte er sich wieder an die hellen blauen Augen und ihr kaltes Feuer, das ihn dazu brachte, so dumme Sachen zu machen wie einen Garten auszumessen.

Und jetzt würde er also die Fläche berechnen, obwohl er Mathe nicht ausstehen konnte.

Er ließ den schnarchenden Alten zurück, ging geradewegs nach Hause, kramte sein Mathematikbuch heraus und brütete über der gestellten Aufgabe.

Wenig später ließ er den Bleistift sinken. Zuerst hatte er das Problem so angepackt, daß er den Garten als Trapez ansah – als Viereck, bei dem nur zwei Seiten parallel liegen. Das Ergebnis: dreihundertsechzehn Quadratmeter. Er kontrollierte die Lösung, indem er diesmal die Grundfläche aus einem Rechteck und einem angrenzenden Dreieck zusammensetzte. Dreihundertsechzehn Quadratmeter. Er hatte die Lösung gefunden.

Larrys Restaurant hatte mittlerweile geöffnet, und die Clique wartete wahrscheinlich schon; aber Eric hatte zunächst Wichtigeres zu tun. Er setzte sich aufs Rad, fuhr zur Bücherei und fand dort unter dem Stichwort »Botanik« einen Band mit dem Titel: ›Die heimischen Laub- und Nadelbäume in Wort und Bild‹. Er blätterte unter »Roteiche« nach – das war einer der wenigen Bäume, die er im Garten erkannt hatte – und fand sie unter »Quercus borealis«. Die Beschreibungen enthielten viele Begriffe, von denen er noch nie gehört hatte: sommergrün, fiedernervig, endborstig, unbegrannt – und dergleichen. Um das alles zu verstehen, mußte er zumindest ein Dutzend Wörter in einem Lexikon nachschlagen. Das tat er, und dann wählte er aus dem Regal ein zweites Buch, eines über Blumen.

Was machte er da eigentlich? Er schleppte hochwissenschaftliche Wälzer nach Hause, Bücher zu Themen, die ihn überhaupt nicht interessierten – und das alles nur, weil ihm ein alter Spinner aufgetragen hatte, Kreuzchen in eine Kartenskizze zu malen. Was mußte die Bande von ihm denken? Was würde Zap sagen? Zap schielte ein wenig und konnte sich daher nicht mit beiden Augen zugleich auf einen Punkt konzentrieren; vielleicht haßte er deshalb alles Unübliche und Außergewöhnliche. Jeden, der aus der Reihe tanzte, verfolgte er mit beißendem Spott, und damit hatte bestimmt auch ein Freund zu rechnen, der sich plötzlich brennend für Bäume und Blumen interessierte. Und Horse? Horse war ausnahmslos gegen alles, was nicht mit der Bande zu tun hatte.

Ob Eric ihnen von Mr. Beck erzählen sollte? Er hätte sie gern um Rat gefragt, denn einen Garten auszumessen, zu skizzieren und kreuz und quer zu berechnen, war schließlich keine alltägliche Sache für ihn. Aber es war wohl nicht möglich, der Bande alles zu erzählen und ungeschoren davonzukommen. Freunde zu haben, bedeutete nicht unbedingt, daß man ihnen auch trauen durfte.

Larrys Schnellimbiß, das war ein langgestreckter Raum mit der Theke gleich neben dem Eingang, ein paar Sitznischen und einer Jukebox. Durch die großen Scheiben sah man auf die Straße, die zur Schule führte. Jahraus, jahrein war das Lokal von Schülern und jungen Leuten bevölkert. Larry, ehemals ein lokaler Fußballstar, hatte nie Probleme mit seinen Kunden. Er war groß und ein Muskelprotz. Die Eltern glaubten ihre Kinder nirgendwo besser aufgehoben als bei ihm.

Als Solo die Schwingtür aufstieß, sah er Supercool ganz hinten in einer Nische sitzen. Solo winkte ihm zu, aber Supercool reagierte nicht. Er wartete mit verschränkten Armen und verkniffenen Lippen, bis Solo sich zu ihm gesetzt hatte.

»Wo hast du dich herumgetrieben?« fragte er.

»Ach, überall«, antworte Solo unbestimmt.

»Ich rede von gestern. Wo du heute warst, läßt sich ja unschwer feststellen.« Damit wies er auf die Bücher, die Solo neben sich auf die Sitzbank gelegt hatte.

»Gestern? Da hatte ich im Haus zu tun. Wo sind denn die anderen?«

»Kegeln. Horse hat schon gefragt, ob du überhaupt noch auftauchen würdest.«

»Warum gehst du nicht auch kegeln?« fragte Solo, um das Thema zu wechseln.

Supercool legte die rechte Hand auf den Tisch. Sie war dick verbunden. Er kicherte. »Ich hab mich mit dem verdammten Messer geschnitten.«

Die Kellnerin kam und schwenkte den Bestellblock. Manche Jungen behaupteten, sie sei schon bei Larry gewesen, ehe die meisten von ihnen auf die Welt gekommen waren. Die Jüngste war sie jedenfalls nicht mehr. Und ihr Haar war bestimmt getönt, denn es wechselte häufig die Farbe; und zwischendurch konnte man die grauen Haarwurzeln sehen. Die Frau war dünn und knochig und trug Gesundheitsschuhe von enormen Dimensionen.

Solo bestellte ein Coke. Die Kellnerin klopfte unzufrieden mit dem Bleistift auf den Block. »Und Chips«, ergänzte er hastig. Jetzt erst klappte der Block zu.

»Zeig mir die Bücher.«

Solo blickte abweisend über den Tisch auf Supercool, der ihm fordernd die Hand entgegenstreckte.

»Na, komm schon, laß sie mich anschauen.«

»Warum?«

»Warum nicht? Also, wird's bald?«

Zögernd nahm Solo die beiden Bände von der Bank und reichte sie ihm.

Supercool beäugte die Titel und lächelte spöttisch. »Seit wann bist du ein Natur-Freak?«

»Immer schon gewesen«, log Solo.

»Schau einer an. Und wofür brauchst du die Wälzer?«

»Zum Lesen.«

»Was du nicht sagst.« Supercool grinste verächtlich. »Ach, mach, was du willst!« Die Jukebox spielte eine neue Platte. Er schnipste im Rhythmus mit den Fingern. »Ich würde gern Schlagzeug lernen, aber mein Alter legt sich quer. Er will einen Rechtsanwalt in der Familie, keinen Bandleader. Stehst du auf Drums?«

»Klar.«

»Das wird dir Horse nicht abnehmen.«

»Ich war immer schon scharf darauf.«

»Da glaube ich dir noch eher deinen Natur-Tick.« Supercool blätterte oberflächlich die Seiten durch. »Kennst du den Affen aus der Siebenten – Kenny Roberts? Der hält sich Schlangen in der Garage. Gehst du es auch so tierisch an?«

Solo schnaubte verächtlich.

»Und wozu schmökerst du dann dieses Zeug?«

»Hast du was gegen die Natur?« erwiderte Solo so beherrscht wie möglich.

»Aber woher denn! Du hast uns nur nie verraten, daß du auf Vögel und Blumen abfährst. Das hättest du uns nämlich sagen sollen.«

Das Coke und die Chips kamen. Solo bot sie seinem Freund an, und der langte sich mit einem Griff die halbe Portion aus der Tüte. Supercool hatte Pfoten und Arme wie ein Erwachsener.

»Wie lang bist du gestern bei dem alten Spinner geblieben?«

»Nicht lang«, sagte Solo vorsichtig.

»Warum bist du nicht gleich abgedampft?«

»Um herauszukriegen, was er eigentlich wollte.«

»Und? Was will er?«

Solo saugte heftig am Trinkhalm. Das gab ihm Zeit, sich die Antwort zurechtzulegen. Schließlich sagte er: »Er redete über die alten Zeiten, als er noch zur See ging.«

Supercool nickte. »Das kenne ich von meinem Großvater. Wenn du den quatschen hörst, könntest du rein glauben, daß er einmal Mister Universum war. Immer prahlt er mit seinen Schlägereien. Ich traue ihm sogar zu, daß er früher wirklich einen draufgehabt hat. Jedenfalls weiß ich, daß er einmal meinen Vater verdroschen hat, als der in unserem Alter war.« Supercool musterte prüfend seine Hände, als wollte er sie mit den Pranken seines Großvaters vergleichen. »Letztes Jahr war er für ein paar Wochen bei uns. Eines Tages packt ihn die Wut auf mich, und er schnallt sich den Gürtel ab. ›Alter‹, hab ich da bloß gesagt, ›schlag mich, und ich bring dich um.‹«

Solo betrachtete seinen Freund: die mädchenhaften langen, blonden Haare; die kalten blauen Augen, die nichts preisgaben; die kräftigen Arme. »Hat er es deinen Eltern gesteckt?«

»Glaub ich nicht.« Supercool grinste plötzlich. »Ich glaub eher, er hat sich in die Hosen gemacht.«

Solo fühlte sich unbehaglich. Das passierte ihm oft mit Supercool. Der konnte sich unvermutet von einem Altersgenossen in jemand anderen verwandeln, gleichermaßen erwachsen werden und die Welt aus einem neuen Blickwinkel betrachten.

»Ich habe dich gestern an einer bestimmten Adresse erwartet«, sagte Solo.

Supercool warf den Kopf zurück. Er hatte offenbar ganz vergessen, daß Solo ihm zugesagt hatte, zu dem Haus zurückzukommen. Das war ebenfalls typisch für Supercool: Er traf oft Vereinbarungen, ohne sich daran zu halten. Das konnte Horse zum Schäumen bringen.

»Ich meine: das Haus – den Studenten – du weißt schon.« Solo beugte sich über den Tisch und flüsterte: »Der Joint.«

Supercool zuckte mit den Schultern. »Ach so. Der Knabe war nicht da. Bin ich eben wieder gegangen.«

Solo langte möglichst beiläufig nach seinen Büchern und glitt aus der Bank.

»Und was ist mit deinem Coke?« fragte Supercool.

»Du kannst es haben.«

»Also dann: auf morgen«, sagte Supercool und zog die Flasche zu sich.

»Wenn ich es schaffe.« Solo hob die Hand zum Gruß.

»Aber sicher schaffst du es!« rief Supercool ihm nach.

An den folgenden Tagen traf Eric zwar die Bande – bei Larry, im Schwimmbad oder auf der Bowlingbahn –, aber die Vormittage verbrachte er bei Mr. Beck in dessen Garten. Stundenlang brütete er über den Büchern, bis er endlich alle Pflanzen eindeutig bestimmt hatte. Jeden Namen trug er in Schönschrift in der Skizze ein. Als sie mit der Zeit knittrig wurde und vollgekritzelt war, brachte Eric von daheim ein großes Blatt, ein Lineal und Buntstifte mit und fertigte eine neue, bessere Skizze an.

Auf diese Weise verging eine ganze Woche. Mr. Beck saß meist stumm in seinem Stuhl, den Schal um den Hals; sein Kahlschädel glänzte in der Sonne wie eine polierte Holzkugel; die blauen Augen schienen auf einen fixen Punkt am Himmel zu starren; die knochigen Hände ruhten gefaltet im Schoß. Aber Eric wußte, daß der Alte alles wahrnahm, was im Garten geschah. So zeigte er Eric zum Beispiel das Eichhörnchen, das im alten Nußbaum hauste. Er hatte es Roger getauft. Und wenn Eric unter einem Baum saß und in den Büchern las, oder wenn er einen neuen Namen in die Skizze eintrug, spürte er die Gegenwart des Alten, fühlte die blauen Augen in seinem Rücken brennen. Das war aber keineswegs unangenehm. Im Gegenteil, es behagte ihm irgendwie, zu wissen, daß Mr. Beck, wach oder dösend, in der Nähe war. Und trotzdem wußte er im Grunde noch immer nicht, was er eigentlich in diesem Garten tat. Mr. Beck hatte ihm noch immer nicht verraten, wofür er diese Bestandsaufnahme brauchte. Er beschränkte sich darauf, hin und wieder einen anerkennenden Blick auf die Skizze zu werfen, die immer vollständiger wurde, und er schlug Eric vor, Bücher über das Leben der Tiere in freier Natur zu lesen, über Insekten und Vögel: »Es wird dir schwerer fallen, das Tierleben zu beschreiben. Pflanzen rühren sich nicht von der Stelle, Tiere bewegen sich.«

Wenn Eric Pause machte, ein Glas Limonade trank und sich im Garten umblickte, sah er jetzt die Roteiche, die Hickorynuß, den Zuckerahorn und den Baumwollstrauch. Und in den Blumenbeeten standen in der prallen Sonne Ringelblumen, Löwenmäulchen, Brunnenkresse, Astern, Zinnien, Rosen, Geranien, Dahlien, Päonien und Bartnelken. Entlang des Zaunes wuchsen Amur-Liguster und japanische Berberitzen. Es war seltsam: Er kannte die Bezeichnungen mittlerweile nicht nur von der Skizze, er hatte sie auch im Kopf.

Als er einmal den Garten verließ, hielt Mr. Beck ihn mit einem Lächeln zurück und sagte: »Heute hast du gute Arbeit geleistet. Und ich habe selbst etwas dazugelernt.«

»Ja?«

»Schau mich nicht so überrascht an. Die meisten Blumen kannte ich nicht beim Namen. Den habe ich erst von dir erfahren.« Er lehnte sich vor und blinzelte in die Sonne. »Eric, du glaubst doch nicht, daß ich dich anlüge?«

Eric schüttelte den Kopf, war aber keineswegs überzeugt.

»Ich will mich nicht bei dir einschmeicheln. Du glaubst wahrscheinlich, ich habe bloß so getan, als wüßte ich die Namen nicht, um dir einen Gefallen zu tun. Glaubst du das?«

»Ja«, murmelte Eric.

»Gut, daß wir einmal offen darüber reden. Siehst du, ich habe zwar eine Methode entwickelt, den Garten zu betrachten. Ich habe vierzig Jahre damit zugebracht, das Sehen zu lernen. Aber von den eigentlichen Gartendingen habe ich keine Ahnung. Ich gehe nicht mit mehr Wissen an die Sache heran als du. Teufel noch mal, genau so ist es.«

Eric hielt seinem Blick stand. »Okay«, sagte er. »Ich nehme es Ihnen ab.«

»Gut«, erwiderte der Alte. »Wir verstehen einander. Und jetzt geh heim.«

Erst als Eric den Hohlweg erreicht hatte, wurde ihm bewußt, daß Mr. Becks Stimme ganz erstickt geklungen hatte. Der Mann, überlegte Eric, mußte sich recht einsam gefühlt haben, als er Tag für Tag so dasaß, nichts zu tun hatte und nirgendwo hingehen konnte. Vielleicht hatte er die ganzen vierzig Jahre, von denen er immer sprach, auf diese Weise zugebracht. Er erwähnte sie stets so, als seien sie etwas Besonderes gewesen. Das waren sie wohl auch, wenn er all die Zeit allein gewesen war. Aber dann fiel ihm ein, daß Mr. Beck ja eine Tochter hatte; diese Tochter hatte den Garten angelegt und gepflegt. Es beruhigte Eric, zu wissen, daß Mr. Beck von ihr betreut wurde, und er fragte sich, was für ein Mensch sie sein mochte.

Er sollte bald Gelegenheit haben, das zu erfahren. Am folgenden Tag lud ihn Mr. Beck zu einem Steak ein und bat ihn, es aus dem Kühlschrank zu holen. Auf diese Weise betrat Eric zum erstenmal das Haus. Die kleine Küche glänzte vor Sauberkeit. Das Fleisch war so sorgfältig in Folie gewickelt, als sei es ein Geschenkpaket. Schon daraus konnte Eric schließen, daß Miß Beck eine ordnungsliebende Person war.

Während sie in der Sonne saßen und das Fleisch teilten, ersuchte ihn Mr. Beck ungewöhnlich zaghaft, am Nachmittag beim Laden seiner Tochter vorbeizusehen.

»Würdest du das für mich tun?« fragte er. »Ich fürchte, ihr Telefon ist gestört. Sag ihr, sie soll mir eine Dose Kautabak mitbringen. Den knatsche ich immer am Abend beim Fernsehen«, fügte er hinzu.

Kautabak. Eric hatte gar nicht gewußt, daß es das Zeug

überhaupt noch gab. Er hätte gedacht, es sei Ende des neunzehnten Jahrhunderts aus der Mode gekommen. Aber wenn er es recht überlegte, stammte Mr. Beck ja noch aus dieser Zeit.

Also setzte er sich, nachdem er den Garten verlassen hatte und bevor er die Clique bei Larry traf, aufs Rad und fuhr in die Stadt, in die Cottage Lane, eine Seitengasse, in der sich Miß Becks Souvenirladen befand.

Er lehnte das Rad an die Mauer und musterte den Laden. Er war klein; die Schaufenster waren mit allerlei Krimskrams gefüllt. Über dem Eingang hing ein weißes Schild, auf dem in knallroten Buchstaben zu lesen stand: »Zum einsamen Jäger.«

Eric trat ein. Eine Türglocke bimmelte. Im Laden beugten sich zwei Frauen über einen Tisch, auf dem ein halbes Dutzend Puppen lag. Eric blickte sich um. Jeder kleinste Winkel war genützt, aber alles war so tipptopp, daß der Raum nicht vollgestopft wirkte. Es gab allerlei zu sehen: Porzellanteller, altmodische Fußwärmer, Aschenbecher aus Keramik, billigen Schmuck in Schüsseln und teurere Schmucksachen unter Glas. Das Angebot wirkte im Ganzen ungewöhnlich, als setzte Miß Beck ihren Ehrgeiz daran, ausgefallene Waren anzubieten; das Zeug war auch bestimmt nicht gerade billig.

Er war froh, daß sie Kundschaft im Laden hatte; so konnte er Mr. Becks Tochter in aller Ruhe betrachten. Irgendwie war ihm ihre Beziehung zu dem Alten sehr wichtig. Die Frau war groß und schlank, beinahe knochig. Ihr Haar war dunkelgrau und am Hinterkopf zu einem altjüngferlichen Knoten zusammengebunden. Sie sprach leise mit der Kundin; ihre Stimme hatte einen angenehmen, geradezu musikalischen Klang. Sie wählte ihre Worte mit Bedacht, und während sie sich über den Tisch beugte, um die Vorzüge einer Puppe zu erläutern, die wie eine Bauernmagd gekleidet war, strahlte sie eine unheimliche Ruhe und Festigkeit aus. Eric mochte sie auf Anhieb.

Als die Kundin aber die Puppe gekauft hatte und gegangen war, und als Miß Beck sich ihm zuwandte, bekam ihr Gesicht einen Ausdruck, der ihm gar nicht gefiel.

»Du mußt Eric sein«, stellte sie fest, zog sich hinter die Theke zurück und stützte beide Hände auf das Pult, als müsse sie ihren Besitz vor ihm schützen.

Eric nickte und richtete ihr die Bestellung aus, die ihm Mr. Beck aufgetragen hatte. In diesem Augenblick läutete das Telefon. Während Miß Beck mit dem Anrufer sprach, erinnerte sich Eric, daß Mr. Beck geglaubt hatte, der Apparat sei nicht in Ordnung. Hatte er das wirklich geglaubt? Oder, überlegte er, hatte der Alte nur auf diese Weise eine Begegnung zwischen ihnen beiden herbeiführen wollen? Aber warum? Es hatte wenig Sinn, sich über die Beweggründe eines alten Menschen den Kopf zu zerbrechen.

Nachdem Miß Beck das Gespräch beendet hatte, wandte sie sich erneut ihm zu, und wieder war ihr Gesicht abweisend, wieder stand sie an der Theke, als wolle sie sich gegen ihn verteidigen. Ganz eindeutig war er ihr unsympathisch.

»Du bist also Eric«, sagte sie und sonst nichts.

Ihre Blicke kreuzten sich.

»Ich weiß zwar nicht, was ihr miteinander treibt«, sagte Miß Beck, »aber vergiß bitte nicht, daß er ein alter Mann ist.«

Eric war perplex. »Wie bitte?« war alles, was er herausbrachte.

»Mein Vater sagt mir, daß du ihn jeden Tag besuchst. Er sagt, er bringt dir bei, den Garten anzusehen. Ich glaube, ich weiß, was er damit meint, aber ich frage mich, ob auch du es weißt.«

»Nein«, sagte Eric. »Das weiß ich noch nicht.«

»Warum tust du es dann?«

»Nicht einmal das weiß ich.« Und er fügte hinzu, ohne zu überlegen: »Ich mag Ihren Vater.«

Die Frau starrte ihn an, bis er drauf und dran war, auf der Stelle kehrtzumachen und davonzurennen. »Gut«, sagte sie zuletzt leise. »Aber eines solltest du bedenken: Mein Vater ist ein sehr ungewöhnlicher Mensch. Er hat in seinem Leben furchtbar viel mitgemacht. Jetzt ist er alt und braucht Ruhe und Frieden. Ich weiß nicht, warum, aber er vertraut dir. Ich bitte dich daher, ihm kein Leid zuzufügen.«

»Ist das alles?« sagte Eric kalt. Er merkte, daß er die Hände zu Fäusten geballt hatte.

Etwas freundlicher erwiderte Miß Beck: »Es tut mir leid; ich kann mir denken, daß du jetzt wütend bist. Aber er glaubt an dich, und ich will nicht, daß du ihn verletzt.«

»Wie könnte ich ihn verletzen?«

»Indem du nicht so fest an ihn glaubst wie er an dich.«

Eric knurrte vor Erbitterung und Wut. Traute ihm dieses Weib im Ernst zu, einen alten Mann zu verprügeln oder aufs Blut zu reizen?

Ehe er es sich versah, war er wieder auf der Straße und auf dem Rad. Wie wild trat er in die Pedale, fuhr zum Hohlweg zurück, stieg ab und kettete das Rad an einen Baum. Schon kletterte er wieder über die Böschung zum Garten hinauf und stand vor Mr. Beck, der von seinem Schläfchen hochschreckte.

Eric redete nicht um den Brei herum. Er berichtete ohne Umschweife, was ihm bei dem Gespräch widerfahren war und daß Miß Beck ihm offenbar mißtraute, was er weder verstehen noch billigen könne. Sie habe keinen Grund, so mit ihm zu reden; er habe schließlich nichts ausgefressen.

Als Eric, immer noch erregt, geendet hatte, seufzte Mr. Beck. »Ich bin froh, daß wir das hinter uns haben«, sagte er. »Meine Tochter ist eben sehr besorgt um mich. Wir haben einander viele Jahre lang kaum getroffen und sind erst seit wenigen Monaten wieder beisammen. Jetzt versuchen wir, die verlorene Zeit gutzumachen. Meine Tochter will mich ja bloß beschützen. Und sie fürchtet –«, seine

Züge verhärteten sich, »– nun ja, sie denkt, ein Junge in deinem Alter könnte sich über einen alten Mann wie ihren Vater vielleicht lustig machen. Aber du und ich, wir beide wissen es besser. Deshalb wollte ich, daß du zu ihr gehst. Denn jetzt weiß sie es auch.«

Eric war keineswegs sicher, Miß Beck von irgend etwas überzeugt zu haben, aber das sagte er Mr. Beck nicht. Statt dessen stellte er jene Frage, die ihn von Anfang an geplagt und die Miß Beck selbst wieder in ihm wachgerufen hatte: »Mr. Beck, was soll eigentlich dabei herauskommen, wenn wir uns den Garten anschauen?«

»Genau das werden wir herausfinden.«

»Miß Beck sagt, Sie wüßten es.«

»So? Sagt sie das? Dann weiß sie mehr als ich.«

Eric erkannte, daß es sinnlos war, weiter in den Alten zu dringen. Also fragte er ihn etwas anderes, etwas, das ihm bei seiner Begegnung mit Miß Beck aufgefallen war: »Was hat der Name des Ladens zu bedeuten?«

»Das fragen viele«, erwiderte Mr. Beck. »Er ist vom Titel eines Buches abgeleitet: ›Das Herz ist ein einsamer Jäger‹. Meine Tochter sagt, sie will damit ausdrücken, daß manche Leute nach der Liebe suchen wie der Jäger nach dem Wild. Weißt du, Eric, meine Tochter ist ein sehr ungewöhnlicher Mensch.«

Mit denselben Worten hatte Miß Beck ihren Vater beschrieben!

»Morgen hole ich mir die Tierbücher«, sagte Eric lahm, machte kehrt und verließ den Garten beim Hohlweg.

Am folgenden Tag holte er zunächst vier weitere Bücher aus der Bibliothek und beeilte sich dann, einer Verpflichtung nachzukommen, die ihm zutiefst zuwider war: Jeden zweiten Donnerstag mußte er sich auf der Polizeiwache melden und einem Inspektor Nolan über sein Tun und Treiben Bericht erstatten. Auf dieser Bedingung beruhte Erics Bewährung.

Er haßte nichts so sehr wie diese Besuche und das Grinsen der Bullen, wenn er vor den Schreibtisch des Inspektors trat. Für sie war es ein Mordsspaß, für ihn aber nicht. Und es war auch kein reines Vergnügen, Nolan in das fette, gerötete Gesicht zu blicken und minutiös aufzuzählen, wie oft er im Kino gewesen war, wie oft im Schwimmbad und wie oft in Larrys Restaurant. Es war immer die gleiche Prozedur – auch diesmal. Wie Eric nicht anders erwartet hatte, grinste der diensthabende Beamte in der Wachstube, als Eric sich bei Inspektor Nolan melden ließ. Erst mußte er auf einer Bank warten, dann folgte das Spießrutenlaufen: die spöttischen Blicke, die hämischen Bemerkungen. Endlich saß er vor dem Inspektor, der lange in einem Akt blätterte, ehe er sich in seinem Drehstuhl herumschwang und sagte: »Na, Eric, da bist du ja wieder.«

»Ja, Sir.«

Inspektor Nolan massierte die Speckfalten im Nacken und schaukelte mit dem Stuhl, während Eric berichtete, wie er die letzten beiden Wochen verbracht hatte. Wie üblich behauptete er, Bones, seinen Komplizen, gemieden zu haben – eine glatte Lüge, da er ihn ja täglich bei Larry getroffen hatte.

»Okay«, sagte der Inspektor und gähnte – auch das gehörte zum Ritual. Er tippte mit dem Bleistift auf die Bücher, die Eric auf den Tisch gelegt hatte. »Was hast du hier?«

»Bücher über das Leben der Tiere«, sagte Eric, nicht ohne Stolz.

»So, so. Interessiert dich das?«

»Einigermaßen.«

Jetzt erst wurde ihm bewußt, daß er, wenn auch unabsichtlich, weder Mr. Beck noch dessen Garten erwähnt hatte. Was konnte einem Bullen auch schon ein alter Mann bedeuten? Und doch fühlte er plötzlich das Bedürfnis, von Mr. Beck zu erzählen, den er nun schon seit beinahe zwei Wochen kannte und über den er dennoch bisher zu keinem Menschen gesprochen hatte. Impulsiv sagte er: »Ich besuche jetzt oft einen alten Mann. Er zeigt mir seinen Garten.«

»Ja?« Der Inspektor gähnte erneut. »Was für einen alten Mann?«

»Er sitzt den ganzen Tag in seinem Garten«, berichtete Eric eifrig. »Er lehrt mich, ihn richtig zu sehen.«

»Ja?« Der Inspektor öffnete ein wenig seine schläfrigen Augen. »*Was* lehrt er dich?«

»Den Garten anzusehen. Ich weiß zwar nicht so recht, was das bedeutet«, räumte Eric ein, »aber es ist interessanter, als man annehmen würde.«

»Ja? Na schön«, sagte der Inspektor unbeeindruckt. Er fischte Erics Beurteilungsbogen unter den Akten hervor, hakte das Datum ab und setzte seine Unterschrift daneben. »Dann also: in zwei Wochen.«

Eric war jedoch mit seinem Bericht über den Alten noch nicht am Ende. Er merkte, daß Inspektor Nolan sich keine Vorstellung davon machen konnte, wie ungewöhnlich und aufregend der Garten war. »Mr. Beck möchte, daß ich die Namen aller Blumen und Bäume kennenlerne«, erzählte er weiter. »Er sagt, ich muß ...«

»Beck?« Nolan richtete sich ruckartig auf.

»Ja, Mr. Beck. Er sagt, ich muß ...«

»Beck?« Der Inspektor schwang sich in seinem Stuhl herum und rief einem anderen Polizisten zu: »Sag einmal, Danny, wie heißt doch der alte Knacker, den sie vor ein paar Monaten aus dem Knast gelassen haben?«

»Wen meinst du?«

»Sie haben ihn begnadigt und seiner Tochter zur Betreuung übergeben, und die hat ihn angeschleppt. Ein alter Knabe. Er kommt geradewegs aus dem Staatsgefängnis.«

»Ach, der. Beck heißt er.«

Inspektor Nolan wandte sich wieder Eric zu und zog

die Stirn in dicke Falten. »Wie bist du diesem Subjekt begegnet?«

»Mr. Beck? Ich bin durch seinen Garten gegangen, und er hat mich angesprochen. Das war alles.«

»Und du hältst seitdem Kontakt zu ihm?«

»Na ja, nicht unbedingt«, sagte Eric und biß sich auf die Lippen. Er bereute es, nicht vorsichtiger gewesen zu sein.

»Hör zu, Eric, ich will dir etwas sagen: Ich möchte nicht, daß du weiterhin mit diesem Subjekt in Verbindung bleibst. Verstanden?«

»Ja, Sir.«

»Das ist nämlich ein alter Knastbruder.«

Eric fühlte, wie sein Gesicht heiß wurde. »Doch nicht Mr. Beck.«

»Doch. Genau der. Geh ihm aus dem Weg. Ich möchte nicht, daß ein Jugendlicher auf Bewährung sich mit einem Knastbruder einläßt.«

»Mr. Beck?«

»Wer sonst?«

»Was hat er denn ausgefressen?«

»Das geht dich nichts an.« Nolans Augen verengten sich. »Es genügt, wenn du daran denkst, was du ausgefressen hast.«

Eric stand auf und klaubte seine Bücher vom Tisch. Der Inspektor musterte ihn mit kaltem Blick.

»In Ordnung, Sir«, murmelte Eric und beeilte sich fortzukommen.

Vor der Polizeiwache blieb er stehen. Ein Knastbruder. Mr. Beck hatte die letzten vierzig Jahre also im Gefängnis verbracht!

Als Eric aus dem Hohlweg in den Garten kletterte, wartete der Alte bereits auf ihn.

»Wie ich sehe, hast du die Bücher bekommen«, sagte er und lächelte.

Eric ließ die Bücher ins Gras fallen und starrte sie an, als wolle er ihnen einen Fußtritt versetzen.

»Ist etwas passiert?« erkundigte sich Mr. Beck.

»Nein.«

»Was ist passiert, Eric?«

»Nichts.« Eric stieß eines der Bücher mit der Fußspitze an.

»Hör mir zu«, sagte der Alte. »Und schau mich an.«

Erics Blick begegnete den brennenden blauen Augen.

»Wenn etwas nicht in Ordnung ist, mußt du es mir sagen. Wenn wir zueinander nicht aufrichtig sein können, ist es das beste, du packst auf der Stelle deine Bücher und verschwindest.«

Eric starrte dem Alten direkt ins Gesicht. »Okay«, sagte er. »Ich muß Ihnen etwas beichten.«

»Schieß los.«

»Ich stehe unter Bewährung.«

Mr. Beck strich nachdenklich mit dem Finger über die Unterlippe. »Unter Bewährung.«

»Ich meine: bei der Polizei.«

»Weshalb?«

Eric sagte es ihm.

»Gut.«

Eric musterte den Alten. Er hatte die Hände im Schoß gefaltet; das Geständnis schien ihn nicht beeindruckt zu haben. »Ich wollte, daß Sie es wissen«, schloß Eric. »Sie haben ja gesagt, wir sollten zueinander aufrichtig sein.«

»Ja. Es ist gut, daß ich es weiß«, stimmte Mr. Beck zu. Er klappte die Handflächen auf und betrachtete sie eingehend. »Da ist noch etwas. Etwas, das du über mich wissen solltest.«

Eric nickte.

Mr. Beck räusperte sich, als falle es ihm schwer, es in Worte zu fassen. Eric wußte natürlich, was kommen würde, und er wartete, daß der Alte es aussprach.

»Siehst du, Eric«, begann Mr. Beck nach einer langen

Pause. »Ich stehe in gewissem Sinn auch unter Bewährung. Ich komme aus dem Gefängnis. Man hat mich begnadigt.«

Eric nickte.

»Du weißt es bereits?« Er runzelte die Stirn.

»Man hat es mir auf der Polizei gesagt.«

Der Alte schloß wie in plötzlichem Schmerz die Augen; dann lächelte er mühsam. »Also. So steht die Sache.« Seine Finger entflochten sich. »Ich habe meine Zeit im Knast abgesessen. Viel Zeit. Hat man dir auch verraten, wofür?«

»Das wollten sie nicht sagen.«

»Und ich sage es dir auch nicht«, erklärte Mr. Beck. »Später einmal, vielleicht, aber nicht heute. Einverstanden?«

»Einverstanden.«

»Es ist gut, daß wir beide für reine Luft in unserem Garten gesorgt haben. Und jetzt wollen wir uns an die Arbeit machen.« Mr. Beck streckte ihm einen zittrigen Finger entgegen. »Leg dich ins Gras.«

»Was soll ich machen?«

»Du sollst dich ins Gras legen. Auf den Bauch.«

Eric zögerte, dann befolgte er die Aufforderung.

»Was siehst du?«

»Gras«, sagte Eric. Und dann: »Und Erde.«

»Schau genauer.«

Einige Minuten vergingen.

Dann sagte der Alte: »Beschreibe mir, was du jetzt siehst.«

»Immer noch dasselbe. Nur –«

»Ja?«

»Ich weiß nicht recht.« Eric lachte unsicher.

»Ja?«

»Nun ja, jetzt kommt mir alles irgendwie – größer vor.«

»Wahrscheinlich, weil du so nahe am Boden liegst.«

»Es ist wie – wie in einem Dschungel.« Und das stimmte. Mit dem Gesicht auf der Erde und den Augen in

Höhe der Grashalme wirkte der Rasen wie dichtes, endloses Gestrüpp, und je länger Eric es betrachtete, um so undurchdringlicher schien es ihm. Es war ein optischer Trick. Rasch hob er den Kopf – und da wurde wieder ein sanfter grüner Rasen daraus. Nur für einen Augenblick hatte Eric jede Perspektive verloren.

»Warum hast du den Kopf gehoben?« fragte Mr. Beck.

»Es war so ein komisches Gefühl.«

»Dann mach Pause.«

Eric wälzte sich auf den Rücken und setzte sich auf. Die Sonne schien ihm auf die Beine und konturierte sie mit tiefen Schatten.

Er wartete ruhig auf Mr. Becks nächste Anweisung. Das ganze letzte Jahr hatte er in der Schule voll innerem Widerstand auf Anordnungen gewartet, die er dann stets nur halbherzig befolgte, gerade so, daß er nicht in Schwierigkeiten kam. Jetzt hingegen lehnte er sich zurück, stützte die Hände ins warme Gras und wartete, beinahe faul, aber durchaus bereitwillig, angeregt von dem, was er soeben erlebt hatte. Mr. Beck hatte ihm eine ganz einfache Aufgabe gestellt – »Leg dich auf den Boden und schau dir das Gras und die Erde an!« – aber seltsamerweise war das keineswegs einfach gewesen.

Jetzt sagte er plötzlich: »Suche eine Ameise und folge ihr.«

Eric blickte Mr. Beck über die Schulter an. Der Alte verzog ungeduldig das Gesicht. »Hast du nicht gehört? Eine Ameise. Du sollst sie suchen und herausfinden, wohin sie geht.«

Wortlos begann Eric auf allen vieren über den Rasen zu kriechen. Bald hatte er zwischen den Halmen eine große schwarze Ameise entdeckt. »Ich hab sie!« rief er.

»Laß sie nicht aus den Augen.«

Eric konzentrierte sich auf das Insekt. Er folgte mit den Augen den sechs unermüdlich krabbelnden Beinen, die über kleine Erdkrümel tanzten, bis sie vorübergehend vom Fingergras verdeckt wurden.

»Laß sie nicht aus den Augen.«

Eric verharrte auf allen vieren und starrte aus kurzer Distanz so intensiv auf die Ameise, daß ihm der Kopf zu schwirren begann. Wie hypnotisiert verfolgte er das rasche, maschinengleiche Zappeln der schwarzen Beinchen. Wiederholt mußte er zwischendurch den Blick abschweifen lassen, um klaren Kopf zu behalten und sich weiter konzentrieren zu können. Auch die Fühler der Ameise verwirrten ihn: Nach allen Seiten zuckten sie, immer und immer wieder, scheinbar planlos und unbeherrscht – wie das Ende eines Gartenschlauches, der unter vollem Wasserdruck hin und her schlenkert. Aber Eric ließ nicht locker. Er hatte das Gefühl, sich selbst beim Betrachten der Ameise zu betrachten. Er blickte nicht eigentlich auf die Ameise, sondern auf sich selbst, wie er auf die Ameise blickte. Was würde Supercool sagen, könnte er ihn jetzt so durch das Gras kriechen sehen? Und Horse? Und Zap? Was würde geschehen, wenn die Bande ihn auf Händen und Knien ertappte, beim Versuch, eine schwarze Ameise auf ihren Irrwegen nicht aus den Augen zu verlieren?

Eric blinzelte.

Die Ameise war fort.

Er starrte auf das Gras und strich mit den Fingern durch die Halme – aber die Ameise war schlichtweg verschwunden.

»Ich hab sie verloren«, brummte er.

»Du hast immerhin volle drei Minuten durchgehalten«, stellte Mr. Beck lobend fest.

»Das ist nicht lang«, sagte Eric und richtete sich auf.

»Länger, als du denkst. Weißt du auch, warum du sie verloren hast?«

Eric schüttelte den Kopf.

»Doch nicht, weil sie dir zu schnell gewesen ist.« Mr. Beck wartete auf die Antwort. »Warum also?«

Eric zuckte mit den Schultern.

»Du hast plötzlich an etwas anderes gedacht, nicht wahr?«

»Ja.«

»Vielleicht bloß für ein paar Sekunden. Aber das hat gereicht. Schon konnte die Ameise sich verkriechen oder die Richtung wechseln. Es ist dir plötzlich bewußt geworden, daß du auf eine Ameise starrst.«

Von so viel Einsicht überrascht, starrte Eric den Alten an. Der lächelte.

»Kein Grund zum Staunen, Eric. Wenn man vierzig Jahre lang eingesperrt ist, lernt man, was es heißt, sich zu konzentrieren. Entweder man lernt es, oder man dreht durch. Meine Zelle war winzig klein; also habe ich gelernt, sie auszuweiten.« Mr. Beck breitete seine zitternden Arme aus, als wolle er damit den ganzen Garten umfassen. »Ich habe mich in der Zeit und im Raum verloren.«

Er blinzelte Eric prüfend zu. »Kannst du dir eigentlich vorstellen, wovon ich spreche?«

»Nicht genau.«

»Das denke ich mir. Aber immerhin verstehst du es wahrscheinlich besser, seit du die Ameise verfolgt hast. Ich will es dir erklären, Eric: Ich habe so lange aus nächster Nähe die Wand meiner Zelle angestarrt, bis ich einen kleinen Riß entdeckte, einen winzigen Kratzer, dem ich mit den Augen folgen konnte. Und genau das tat ich. Ich ließ meinen Blick wandern, bis der Riß an einer Mauerkante endete oder an eine andere Grenze stieß. Dann blickte ich die Mauerkante entlang oder folgte dem neuen Riß, bis der seinerseits an ein Hindernis geriet – einen Querriß kreuzte oder in einer Fuge mündete. So wuchs die Mauer allmählich ins Unermeßliche. Sie war ein riesiges Kornfeld, oder wie dieser Garten hier: ein endloses Gewirr von Linien und Flächen. Sie bekam aber auch ihren eigenen Charakter. Sie war wie ein Gesicht – geheimnisvoll und immer wieder anders. Der große Vorteil für mich war natürlich, daß ich die Zeit vergessen konnte. Wenn ich auf diese Weise die Wand anstarrte, vergingen stets ein paar Stunden – und um diese Spanne verringerte sich die Zeit, die mir noch abzusitzen blieb. Ich brachte diese Stunden hinter mich, ohne sie durchleiden zu müssen. Das hat mich bei klarem Kopf gehalten, Eric. Aber es dauerte sehr lang, bis ich diese Methode anwenden konnte, ohne dabei zugleich an mich zu denken und an das, was ich soeben tat. – Und jetzt geh und stöbere eine andere Ameise auf.«

Eric fand sie ohne besondere Mühe und verfolgte sie, aber mit demselben Ergebnis: Für einen Augenblick schweiften seine Gedanken ab, und schon war die Ameise verschwunden. Immer wieder versuchte er es, und immer wieder entglitt ihm die Ameise, weil ihm auch seine Gedanken entglitten und er gewissermaßen nach innen statt ins Gras blickte. Einmal schaffte er es immerhin, einer Ameise quer über den ganzen Rasen zu folgen, ehe er sie in einem Blumenbeet verlor.

»Die hast du jetzt beinahe zehn Minuten lang gehabt«, stellte Mr. Beck fest. »Das ist verdammt gut.«

Und so verging der Nachmittag. Eric hätte nicht sagen können, hinter wie vielen Ameisen er her war; aber dann endlich gelang es ihm, eine durch das Blumenbeet und über den Rasen bis zu ihrem Bau neben der Roteiche im Auge zu halten.

»Sie ist angekommen!« rief er und versuchte, in die Öffnung zu spähen, in der die Ameise verschwunden war. Dann betrachtete er den Weg, den sie beide gekommen waren: Zehn, zwölf Meter hatten sie gemeinsam zurückgelegt; durch ein Meer von Zeit. Zwar waren seine Gedanken dabei immer noch von der Ameise zu ihm selbst gewandert, aber nie so lange, daß ihm das Insekt entgleiten konnte. Durch das Blumenbeet, über den Rasen, in den Ameisenhaufen. Er hatte sie den ganzen Weg bis zu ihrem Bau begleitet!

Eric legte sich auf den Boden, streckte die Beine und stützte sich auf die Ellenbogen. Das Gras fühlte sich warm an, behaglich; es erinnerte ihn irgendwie an eine Wolldekke im Winter. Er starrte hinauf in den blauen Himmel und atmete tief die duftgeschwängerte Luft.

»Eric?«

Er wandte sich dem Alten zu, der ihn feierlich anblickte.

»Ich glaube«, sagte Mr. Beck, »du bist jetzt bereit.«

»Wozu?«

»Damit zu beginnen, den Garten anzusehen.«

Eric war enttäuscht. »Tu ich das nicht schon die ganze Zeit?«

»Nein. Bis jetzt hast du dich nur auf die eigentliche Arbeit vorbereitet. Bring morgen das Maßband mit, das ich dir geschenkt habe. Ich werde die Schnur beschaffen.«

»Eine Schnur? Wofür?«

»Sie wird dir den Anfang erleichtern.«

Eric rappelte sich hoch. Er mußte nicht erst auf die Uhr schauen, um zu erkennen, daß es spät geworden war. Der Alte in seinem Stuhl warf einen langen Schatten, der wie ein Scherenschnitt im Gras lag.

»Auf morgen!« sagte Mr. Beck und hob matt die Hand zum Gruß.

Eric winkte zurück und ging. Er begriff, daß der Alte nach einem so langen Tag voll Arbeit müde war. Denn Arbeit war es gewesen; beide hatten sie sich konzentrieren müssen: Mr. Beck darauf, daß Eric sich konzentrierte, und das mußte nicht weniger anstrengend gewesen sein.

Am Rand des Gartens wandte er sich noch einmal um und rief: »Bis morgen!«

Als er durch das Gestrüpp in den Hohlweg glitt, blickte er erneut zurück – auf eine Welt, die mit einemmal ihre Gestalt gewandelt hatte. Sie war größer und komplizierter geworden. Vielleicht kam das davon, daß er auf allen vieren dem unbeirrten Gang einer Ameise nachgekrochen war, bis sie zuletzt ihren Bau erreicht hatte. Auch jetzt konnte er auf dem schmalen Pfad die Arme ausbreiten und dabei rechts und links Leben berühren, etwas, dem er mit entsprechender Konzentration auf gleiche Weise folgen könnte.

Er hatte einen kleinen Triumph erlebt.

Eric ertappte sich dabei, daß er vor sich hin pfiff.

Als er das Haus betrat, rief ihm Mutter aus dem Wohnzimmer entgegen: »Bist du es, Eric? Würdest du bitte zu uns kommen?«

Sie saß auf dem Sofa, in einem rosafarbenen Abendkleid. Auf dem Tischchen vor ihr stand ein Glas; offenbar hatte sie wieder einen ihrer Obst- oder Gemüsesäfte gebraut. Vater trug den Smoking und nippte an seinem üblichen Scotch mit Wasser. Auf dem Schoß hatte er ein kleines Notizbuch und den Taschenrechner liegen. Er hämmerte auf die Tasten ein und war ganz in seine Arbeit versunken; wahrscheinlich berechnete er Aktienkurse.

»Wo bist du gewesen?« fragte Mutter streng und knetete ihr Taschentuch wie einen Teigfladen.

»Nirgendwo besonders«, sagte Eric. »Ich war beim Inspektor«, fügte er hinzu, um Mutter zu beruhigen, die ungewöhnlich nervös schien.

»Ich weiß«, erwiderte sie knapp. »Er hat am Nachmittag angerufen. Kannst du dir denken, was er uns mitzuteilen hatte?«

Vater blickte kurz von seinem Taschenrechner hoch.

Eric betrachtete ihre Gesichter. »Ich glaub schon«, sagte er lahm.

»›Ihr Sohn hat sich mit einem Verbrecher eingelassen‹«, zitierte Mutter. »Das hat der Inspektor gesagt. Wörtlich.«

Eric schwieg.

»Hast du verstanden, was deine Mutter gesagt hat?« fragte Vater leise.

»Natürlich hat er es verstanden«, fiel ihm Mutter ins Wort.

»Eric, wer ist dieser – dieser Beck?«

»Ach, bloß ein zufälliger Bekannter.«

Die Mutter wandte sich an den Vater. »Ralph, sprich du mit ihm.«

»Der Inspektor hat dir doch bestimmt gesagt, Eric, daß dieser Mann im Gefängnis war.«

»Und daß er erst vor wenigen Monaten entlassen wurde«, ergänzte Mutter. Sie lachte bitter. »Kein Wunder, daß er nicht in unseren Seniorenklub kommen will.«

Eric blieb stumm.

»So sag doch endlich etwas!« Ihre Stimme wurde lauter und schriller; sie verriet zunehmende Besorgnis. »Der Mensch ist ein Verbrecher!«

»Er ist ein alter Mann!« Eric ließ sich in einen Sessel fallen.

»Meinetwegen kann er hundert Jahre alt sein«, sagte Mutter und fingerte an ihrem Taschentuch. »Ein Verbrecher bleibt er trotzdem. Auch wenn er begnadigt wurde, mein liebes Kind.«

»Er ist zweiundachtzig«, sagte Eric und blickte sie unbeirrt an.

»Darum geht es nicht. Der Inspektor will nicht, daß du dich mit einem solchen Menschen einläßt, und dein Vater will es noch weniger.« Sie spähte über Erics Platz hinweg zur Tür. »Roddy, zurück in dein Zimmer! Was wir hier zu besprechen haben, geht dich nichts an.«

Eric brauchte gar nicht den Kopf zu wenden, um zu sehen, wie sein Bruder davonstob. Roddy hatte ein Talent, immer dann aufzukreuzen, wenn es Ärger gab.

»Eines würde mich ja interessieren«, sagte Vater und ließ vorübergehend den Taschenrechner sinken. »Was fasziniert dich so an dem alten Mann?«

»Nun ja – er weiß unheimlich viel«, erwiderte Eric.

Mutter feixte. »Das glaube ich gern. Zum Beispiel, wie

man eine Bank ausraubt oder in ein fremdes Haus einsteigt.«

»Hat er das denn getan?« wollte Eric wissen.

»Jetzt sag noch, daß du es nicht weißt.«

»Mr. Beck hat mir nichts verraten.«

»Das kann ich mir denken.«

»Hat der Inspektor dir erzählt, was Mr. Beck ausgefressen hat?« forschte Eric weiter.

»Nein. Woraus ich schließe, daß es sich um ein schweres Verbrechen handeln muß.« Sie seufzte und nahm einen Schluck aus ihrem Glas. Der Fruchtsaft hatte sich mittlerweile purpurrot verfärbt. »Ich begreife einfach nicht«, fuhr sie fort, »wie du überhaupt an eine solche Person geraten konntest. In unserer Stadt wohnen zehntausend Menschen, und du suchst dir ausgerechnet den einen aus, der gerade aus dem Gefängnis kommt.«

Das war keine Frage, die Eric beantworten konnte. Also saß er bloß da, die Hände auf den Knien, und wartete auf das Ende des Verhörs.

»Ich glaube, du begreifst deine Situation noch nicht ganz«, wandte sich nun wieder Vater an ihn. »Du bist polizeibekannt; deine Strafe ist nur auf Bewährung ausgesetzt. Das macht ja die ganze Sache so kompliziert. Erst richtest du in deiner Schule schweren Schaden an, und dann läßt du dich mit einem – mit einem Knastbruder ein. Was, meinst du, werden da die Leute von dir denken?«

»Kennen sie denn Mr. Beck überhaupt?«

»Die Polizei kennt ihn, und das genügt.« Vater griff wieder nach seinem Taschenrechner und blickte Eric Verständnis heischend an. »Wir verlassen uns darauf, daß du die Lage klar erkennst. Es liegt ja alles auf der Hand. Du mußt nichts weiter tun, als dich von diesem Mr. Beck fernzuhalten, und damit ist die Sache für uns erledigt. Kein Wort mehr darüber.« Schon beschäftigte er sich wieder mit seinem Taschenrechner.

Eric stand auf. Es entging ihm nicht, daß Mutter erleichtert lächelte.

»Ich bin ja so froh, daß wir das hinter uns haben«, sagte sie und zupfte ihr Abendkleid glatt. Seit sie sich in den vielen Komitees engagierte, gab es kaum noch einen Abend, an dem sie nicht zu einer Dinner Party mußte. »Und vor allem bin ich froh, daß du endlich wieder Einsicht und Vernunft zeigst. Denn in letzter Zeit warst du – also, ich weiß nicht, warum –, aber da warst du oft ganz anders als früher.«

»Macht euch keine Sorgen um mich«, antwortete Eric, weil ihm nichts Besseres einfiel. »Mit mir ist schon alles okay.«

Jetzt war Mutter endgültig beruhigt und gab ihm Anweisungen für den Abend: Der Topf mit dem Essen stand im Backofen. Susan wollte bei einer Freundin übernachten, würde also nicht zum Abendessen kommen; Eric solle dafür sorgen, daß Roddy um zehn Uhr ins Bett kam.

Es wurde aber halb elf, bis Roddy endlich schlafen ging, und Eric beschloß, noch etwas zu lesen, statt sich die Nachtshow im Fernsehen anzugucken. Er nahm eines der Bibliotheksbücher aus dem Regal – ›Das Leben der Insekten‹ – und setzte sich an den Schreibtisch.

»Wer ist Mr. Beck?« wollte Roddy plötzlich wissen.

Eric blickte zum Bett hinüber. Roddy hatte sich kerzengerade aufgerichtet, seine Augen glänzten erwartungsvoll.

»Das geht dich nichts an.«

»Und wofür brauchst du die Bücher?«

»Welche Bücher?«

»Die, die du heute abend mitgebracht hast.«

»Das geht dich auch nichts an«, erwiderte Eric kurz angebunden. Die Bücher brachten ihn in letzter Zeit immer wieder in Schwierigkeiten. Zuerst waren sie Supercool verdächtig vorgekommen, dann Inspektor Nolan – und jetzt also auch Roddy.

»Du redest überhaupt nicht mehr mit mir«, grollte

Roddy. »Der Bruder von Peter Brook – Keith heißt er und ist in der Klasse über dir –, der übt jeden Nachmittag mit ihm Ballwerfen. Deshalb kann Peter jetzt so gut fangen.«

Eric schlug ›Das Leben der Insekten‹ auf und legte das Lexikon in Griffweite bereit.

»Und Van trainiert auch mit seinem Bruder.« Roddy wartete vergeblich auf eine Reaktion. Dann piepste er schmollend: »Wie heißt das Buch überhaupt?«

Eric blickte ihn von der Seite an. Er hätte sich Roddy gern anvertraut. Noch vor einem Jahr waren sie regelrechte Kumpel gewesen; aber in letzter Zeit hatte sich das irgendwie geändert. Es schien, als würde er immer älter und Roddy immer jünger. Sie hatten jetzt kaum noch etwas gemeinsam. Roddy interessierte sich nur noch für die Sportresultate und fürs Balltraining.

»Na schön«, brummte Roddy und drehte sich demonstrativ zur Wand. »Dann sagst du es mir eben nicht. Ich weiß es ohnehin.«

Eric sagte: »Es ist ein Buch über Insekten.«

»Weiß ich doch. Aber du hättest es mir sagen können.«

»Woher soll ich ahnen, daß du dich für Insekten interessierst?«

»Und woher soll *ich* ahnen, daß *du* es tust?« gab Roddy zurück, das Gesicht immer noch zur Wand.

Das war's. Sie hatten einander nichts mehr zu sagen. Der Altersunterschied war unüberwindlich.

Eric las den ersten Absatz im Buch: »Zur artenreichsten Gruppe der Wirbellosen gehören die Insekten oder *Arthropoden.* Diese Bezeichnung ist abgeleitet vom griechischen *arthron* (= Glied) und *pous* (= Fuß), weshalb man auch von Gliederfüßern spricht.«

Eric seufzte. Das würde nicht einfach werden. Aber er war fest entschlossen, sich durch alle fünfhundert Seiten des Buches durchzuackern.

In den 79 Feldern

Am Morgen fiel es ihm schwer, nicht gleich das Maßband in die Tasche zu stecken und zum Garten zu eilen, wo Mr. Beck sicher bereits mit dem geheimnisvollen Schnurknäuel auf ihn wartete. Aber Eric wußte, daß er sich nur unnütz verdächtig machen würde, wenn er zuviel Eifer zeigte, das Haus zu verlassen. Er wollte nichts riskieren.

Zu Erics Erleichterung blieb beim Frühstück der »gefährliche Verbrecher« unerwähnt. Susan war mittlerweile wieder zurückgekommen, und Eric bemühte sich, zu ihr besonders freundlich zu sein, um sie für sich zu gewinnen. Das war Berechnung, denn Susan war meist sein gefährlichster Widersacher in der Familie und besonders schwer unter Kontrolle zu halten. Nicht, daß sie etwas Besonderes sagte oder tat. Aber allein die Art, wie sie ihn mit einer gewissen amüsierten Verachtung musterte, genügte, um ihn unsicher zu machen. Er hatte beobachtet, daß sie auch seine Freunde so zu betrachten pflegte, obwohl ihr wirksamstes Lächeln natürlich Jungen in ihrem Alter galt. Eric nahm an, daß sie vor allem jene Menschen verachtete, die noch in Probleme verstrickt waren, die sie gerade erst überwunden hatte. Wie auch immer, Susan war jedenfalls stets darauf aus, Zeichen von Schwäche an ihm zu entdekken und davon zu profitieren. Also schenkte er ihr an diesem Morgen sein gewinnendstes Lächeln.

Mutter fragte ihn zwischendurch nach seinen Plänen für den Tag. Da er nicht sicher war, daß sie die Frage nur beiläufig gestellt hatte, war Eric besonders auf der Hut und sagte, er werde wahrscheinlich seine Freunde im Schwimmbad treffen. Er wußte, wie stolz Mutter auf seine Schwimmkünste war. Zudem schätzte sie seinen Umgang mit Jungen aus bestem Haus – sie kannte ja nur deren Eltern und wußte nicht, daß auch Bones dazugehörte, der wie er unter Polizeiaufsicht stand. Noch weniger ahnte Mutter, daß Eric und seine Bande in der Schule als gemeinschaftsgefährdende Elemente galten. Früher einmal, als sie noch nicht so viele Verpflichtungen hatte, hätte sie das wahrscheinlich bald herausgefunden; aber jetzt, in ständigem Zeitdruck, nahm sie wohl als gegeben hin, daß Kinder aus gutem Haus auch gute Vorbilder abgaben. Eric hatte zwar nicht gerade Spaß daran, seine Mutter an der Nase herumzuführen; aber daß er ganz anders war, als sie ihn einschätzte, gab ihm doch jedesmal ein Gefühl der Befriedigung.

Nachdem die Eltern und Roddy das Haus verlassen hatten, saßen Eric und Susan einander allein am Frühstückstisch gegenüber.

»Ich habe von deinem Knastbruder gehört«, sagte Susan und lächelte.

»Von wem? Von Roddy?«

Susan blieb ihm die Antwort schuldig. Sie war sehr geschickt darin, ihn in die Falle zu locken, ohne sich selbst darin zu verfangen. Susan goß sich noch eine Tasse Kaffee ein und nahm mehr Zucker dazu, als ihrer Diät guttat. Nach Erics Ansicht war Susan einfach dick; er konnte nie begreifen, wie sie es schaffte, so viele Verabredungen zu ergattern. Vater wiederum hielt sie für ausgesprochen hübsch. Ließ Mutter eine kritische Bemerkung über Susans Gewicht fallen, sagte er stets: »Ach, laß sie doch! Suzy ist eben appetitlich rund.«

Und jetzt fühlte er, wie sie ihn abschätzend betrachtete. Er blickte von seinem Marmeladetoast auf und war keineswegs besänftigt von ihrem Lächeln. Es war nicht amüsiert-verächtlich wie sonst; es war anders: berechnend, analysierend. Susan wollte etwas von ihm.

Er hatte sich nicht geirrt. Plötzlich schnurrte sie: »Tust du mir einen Gefallen?« Den Tonfall kannte er; so sprach sie mit ihren Eroberungen.

»Das kommt darauf an«, erwiderte er vorsichtig.

»Wenn du Danny Richmond siehst, bestell ihm einen Gruß von mir.«

Danny Richmond war Badewärter im Schwimmbad – ein Student, groß, schlank und blond.

»Klar. Mach ich«, versprach Eric, obwohl er nicht die geringste Absicht hatte, Danny Richmond zu treffen. Es war eine vage Zusage: Eric wollte zwar gar nicht ins Schwimmbad; sollte er aber wider Erwarten doch hingehen, würde er Danny Richmond natürlich Susans Gruß bestellen. Eric stand immer eisern zu seinem Wort. Vor Jahren einmal hatte Vater Mutter versprochen, Eric irgendwohin zu bringen und es dann doch nicht getan. Eric hatte längst vergessen, worum es gegangen war, aber das Gefühl der Enttäuschung, das Gefühl, daß Vater ihn im Stich gelassen hatte, schmerzte noch immer, wie eine frische Wunde. Eric würde also Susans Wunsch bestimmt erfüllen – vorausgesetzt, daß sich die Gelegenheit ergab.

»Ehrenwort?« bestand Susan.

»Ehrenwort.«

»Dafür erweise *ich* dir nächstens einen Gefallen.«

»Ich mach es gratis«, erwiderte Eric scharf. »Das heißt: falls ich Danny überhaupt sehe.«

Susans Augen verengten sich. »Wenn du wirklich schwimmen gehst, kannst du ihn gar nicht verpassen.«

»Okay, dann werde ich es ihm sagen.«

»Gehst du tatsächlich ins Bad?«

»Hab ich doch gesagt.«

Susan antwortete mit einem künstlichen, glockenhellen Lachen, das nicht die Spur von Fröhlichkeit verriet; es war der reinste Hohn.

»Was ist daran so lustig?« erkundigte er sich.

»Du glaubst doch nicht im Ernst, daß ich dir abnehme, was du Mutter erzählt hast. Du hast es mit Susan zu tun, Bruderherz!«

Eric ließ sich nichts anmerken, obwohl er sich innerlich krümmte, wie immer, wenn Susan ihn »Bruderherz«

nannte. Sie wußte das genau. Er stand auf, steckte die Hände in die Taschen und schlenderte betont lässig zur Tür. Bei Susan würde ihn noch das geringste Anzeichen von Eifer verraten.

»Tut mir leid«, sagte sie in seinem Rücken. Er drehte sich nach ihr um, und sie schenkte ihm ihr süßestes Lächeln. »Tut mir leid. Ehrlich. Versprich mir, ihm einen Gruß zu bestellen. Kein Wort mehr, und mach keine Show daraus. Sag bloß: ›Meine Schwester Susan läßt dich grüßen!‹ Punkt, Ende. Okay?«

»Okay.« Eric erwiderte ihr Lächeln und sagte über die Schulter, so leise, wie möglich: »Falls ich ihn sehe.«

Auf dem Tisch, neben dem üblichen Limonadekrug, lag ein Schnurknäuel.

»Sag mir noch einmal, wie groß die Fläche des Gartens ist«, bat Mr. Beck und blinzelte ins Sonnenlicht.

Eric hatte, wie stets, das Notizbuch griffbereit. »Dreihundertsechzehn Quadratmeter.«

Mr. Beck forderte ihn auf, auszurechnen, wie viele Felder zu zwei mal zwei Meter sich darin unterbringen ließen.

Eric hockte sich mit gekreuzten Beinen ins Gras und machte sich an die Arbeit. Es kam nicht oft vor, daß er außerhalb der Schule etwas zu berechnen hatte, aber diese Aufgabe war leicht: Er brauchte bloß die Grundfläche durch vier zu dividieren. Während er das tat, sah er aus den Augenwinkeln, daß Miß Beck ihren Kleinwagen aus der Garage fuhr. Sie erkannte Eric und stützte die Arme aufs Lenkrad. Ihre Blicke kreuzten sich. Eric hörte förmlich das Knistern von Funken, spürte die gegenseitige Abneigung am ganzen Körper. Sie ließ den Motor aufheulen und brauste davon. Eric rechnete zu Ende. Dann schwenkte er zuversichtlich das Notizbuch und sagte: »Das gibt neunundsiebzig Felder.«

Mr. Beck nahm das Ergebnis mit knappem Kopfnicken

zur Kenntnis. »Neunundsiebzig«, wiederholte er. »Laß mich überlegen...« Er schloß die Augen und spitzte die Lippen. »Wenn du in jedem Feld eine Stunde verbringst, und wenn du – sagen wir: – zwei oder drei Felder pro Tag erledigst, dann brauchst du etwa einen Monat oder höchstens sechs Wochen für den ganzen Garten.« Er kam wie aus weiter Ferne zurück und heftete seinen brennenden Blick mit voller Intensität auf Eric. »Denn genau das wirst du tun: Du wirst in jedem Feld eine Stunde bleiben.«

Das begriff Eric nicht. Die Felder gab es ja gar nicht wirklich; er hatte sie bloß berechnet.

»Ich lasse dich natürlich in einem besonders interessanten Feld beginnen«, überlegte Mr. Beck. »In einem schweren, mitten auf dem Rasen zum Beispiel, würdest du wahrscheinlich klein beigeben.« Der Alte stützte sich mit beiden Armen auf die Stuhllehnen und stemmte sich langsam hoch.

Eric wollte ihm zu Hilfe kommen, aber da schüttelte Mr. Beck böse den Kopf. Wie ein Ast im Wind zitterte er am ganzen Körper; so schwer fiel es ihm, sich zu erheben. Als er sich endlich halb aufgerichtet hatte und sich nur noch mit einem Arm an der Lehne hielt, winkte er ungeduldig nach dem Krückstock, der zu seinen Füßen auf dem Boden lag. Eric bückte sich sofort danach. Der Alte riß ihm den Stock förmlich aus der Hand, rammte ihn mit entschlossener Geste in die Erde und verlagerte sorgsam das volle Gewicht auf den Holzknauf. Der Stock bog sich etwas durch, nahm aber die Last auf, und mit einem leisen, zufriedenen Grunzen hob Mr. Beck die andere Hand von der Stuhllehne. Für einen Augenblick schien er zu schwanken, und seine Augen schlossen sich vor konzentrierter Anstrengung zu engen Schlitzen.

Eric hatte es hingenommen, daß Mr. Beck alt war; aber ihn jetzt *so* alt zu sehen, bestürzte ihn, machte ihm beinahe angst und verwirrte ihn vollends, weil der alte Mann hinfällig und unbesiegbar zugleich zu sein schien: Allein das Aufstehen kostete ihn furchtbare Mühe; andererseits bewies die Tatsache, daß Mr. Beck diese Mühe nicht scheute und sein Ziel erreichte, daß in diesem schwachen Körper immer noch ungeheure Kräfte schlummerten.

Eric beobachtete, ohne sich selbst vom Fleck zu rühren, wie der Alte langsam und wie gelähmt ein Bein vor das andere schob, wie die großen, schwarzen Schuhe durch das Gras schlurften. Nach einem Dutzend solcher mühsamen Schritte blieb Mr. Beck stehen, blickte zum Haus und stützte sich mit beiden Händen auf den Stock. Im Stehen wirkte er größer als im Sitzen, aber auch zerbrechlicher und knochenhager auf den dürren, klapprigen Beinen. Sein Adamsapfel war groß und knotig. Mr. Beck reckte das Kinn, blinzelte in die Morgensonne und schien etwas Bestimmtes zu suchen. Schließlich zeigte er mit zitterndem Finger zur Südwestecke des Hauses.

»Dort drüben!« keuchte er. »Und jetzt hilf mir zurück.« Eric sprang auf und wollte Mr. Beck die Hand geben, doch dieser stützte sich mit der einen Hand auf Erics Schulter, mit der anderen auf den Krückstock und schob sich auf diese Weise schwer atmend weiter. Dabei gab er seine Anweisungen: »Schnitze vier Holzpflöcke – für die Schnur. Binde die – Schnur an die – Pflöcke. Immer zwei Meter von – Pflock zu Pflock.« Er mußte anhalten, um Luft zu schnappen. »Alt werden, das ist die Hölle«, keuchte er, als er endlich mit einem lauten Aufseufzen wieder in den Stuhl sank.

Innerhalb einer halben Stunde hatte Eric aus dem Ast einer Pappel die vier Pflöcke geschnitzt und die Schnur daran befestigt. Er stieß die Pflöcke neben dem Stuhl in den Boden und kontrollierte mit dem Maßband die Schnurlängen. Das Quadrat, das er ausgesteckt hatte, maß genau zwei mal zwei Meter.

»Gut!« lobte Mr. Beck mit geschürzten Lippen. »Und jetzt nimm das Zeug, geh damit zur Südwestecke des Hauses und steck ein Feld ab.«

Eric tat es. Die helle Schnur war straff zwischen den Pflöcken gespannt.

»Klettere hinein!« befahl Mr. Beck.

Eric wandte sich überrascht um. »Ich soll hineinklettern?«

»Richtig. Klettere in das Feld und setz dich hinein.«

Eric gehorchte.

Da Mr. Beck mit dem Rücken zu ihm saß, mußte er den Kopf wenden, um Eric zu sehen. »Da drinnen bleibst du jetzt eine Stunde. Dann nimmst du die beiden äußeren Pflöcke heraus und steckst sie auf der anderen Seite wieder in den Boden, damit das zweite Feld unmittelbar an das erste anschließt. Kapiert?«

Eric nickte.

»Und dann setzt du dich in das neue Feld und bleibst eine Stunde drinnen.«

Mr. Beck blickte wieder vor sich hin; er konnte Eric nicht mehr sehen. Eric hielt das für einen Vertrauensbeweis; der Alte deutete damit an, daß Eric bestimmt auch ohne Aufsicht tat, was man ihm auftrug. »Du gehst ein Feld nach dem anderen durch«, erläuterte Mr. Beck jetzt. »Bis du den ganzen Garten kennst. Alle neunundsiebzig Felder.«

Eric sagte nichts dazu. Er saß mit überkreuzten Beinen auf dem Boden und blickte sich um. Rechts war ein Liguster, vor ihm lag der Garten, links war die Zufahrt, hinter ihm die Rückseite des Hauses.

»Sag es mir, wenn du bereit bist«, forderte Mr. Beck ihn auf. »Fürs erste wollen wir uns in jedem Fall etwas an die vorgegebene Zeit halten. Ich kontrolliere mit der Uhr.«

»Aber ...« Eric blickte sich hastig noch einmal um. Er kam sich vor, als hätte man ihn in einen dunklen Schrank gesperrt und die Türe zugeworfen. »Was soll ich eigentlich hier machen?«

»Was glaubst du?«

»Ich weiß es nicht.«

»Du hast eine Stunde Zeit. Wie wirst du sie nützen?«

»Ich weiß es nicht!«

»Haben wir uns denn nicht darauf geeinigt, daß du dir den Garten ansiehst?«

»Schon – aber ...«

»Also, dann tu's. Schau dich auf den vier Quadratmetern um, die jetzt ganz allein dir gehören.«

»Was gehört mir?«

»Das Feld von zwei mal zwei Metern, in dem du sitzt. Für die nächste Stunde ist es so groß wie die ganze verfluchte Welt.«

Eric starrte nacheinander die vier Schnüre an.

»Das ist natürlich nur ein Vorschlag«, fuhr Mr. Beck fort. »Aber es wäre die reinste Zeitverschwendung, zu oft den Blick nach draußen zu wenden. Nütze die Chance, in diesem Quadrat zu sitzen. Und schau dir die Welt an, die es umschließt.«

Da Eric das Gesicht des Alten nicht erkennen konnte, hatte er das seltsame Gefühl, jemand Unsichtbarer spräche zu ihm. Als käme die Stimme aus der Luft, aus der Sonne. Er schaute mißtrauisch die helle Schnur an. Was hatte Mr. Beck gemeint, als er sagte, dieses Quadrat sei so groß wie die Welt? Für Eric war die Welt immer etwas wirklich Großes gewesen: eine Weltkugel von ungeheuren Ausmaßen. Aber doch nicht ein Quadrat von zwei mal zwei Metern.

Eric blinzelte in den wolkenlosen blauen Himmel. »Schau dir die Welt an, die das Feld umschließt!« hatte Mr. Beck gesagt. Meinte er damit die Luft über den vier Quadratmetern? Ging es darum, daß er sich auf die endlos hohe Luftsäule konzentrieren sollte, die auf dieser kleinen Fläche lastete, in deren Mitte er saß?

Eric betrachtete seine gekreuzten Beine, die Jeans, die Tennisschuhe, seine Hände, die spielerisch über das Gras strichen. War er wirklich dumm genug, sich auf diese Sache einzulassen?

»Bist du bereit?« rief Mr. Beck.

Eric zuckte zusammen, als habe man ihn aus tiefem Schlaf gerissen. Sein Herz klopfte bis zum Hals, sein Mund war trocken – wie vor dem Start zu einem Wettlauf. »Ich bin bereit!« sagte er.

»Dann fang an!«

Eric mußte lächeln. Es war aber auch lachhaft! Womit sollte er beginnen? Niemand feuerte ihn an; das war kein Wettlauf. Er hockte immer noch so da wie vorher, ehe es geheißen hatte: »Dann fang an!«

Erics erste Reaktion war, zu warten, daß etwas geschah. Zum Beispiel, daß Mr. Beck ihm weitere Anweisungen oder Erklärungen gab. Aber als kein Wort die Stille unterbrach, erkannte Eric enttäuscht, daß der Alte tatsächlich eine volle Stunde lang den Mund halten würde.

Mr. Beck hatte ihn in diesem Feld ausgesetzt.

Eric wurde sich plötzlich seiner Reglosigkeit bewußt; also begann er die Füße zu öffnen und wieder zu schließen, wie bei einer Turnübung. Dann stand er auf – und wurde von einer ungewohnten Empfindung überrascht: sein Körper war mit einemmal frei! Eric musterte das kleine Feld zwischen den hellen Schnüren. Sein Königreich? Unsinn.

Er ließ sich fallen und wälzte sich auf den Bauch, wie er es als kleiner Junge gemacht hatte, wenn er zornig war und schmollte. Dann legte er die Wange auf den Boden, wie am Vortag, als es darum gegangen war, die Ameise zu verfolgen. Die Grashalme ragten unmittelbar vor seinen Augen auf. Ein kleines Insekt landete auf einem Halm. Es war aus dem Nichts gekommen; ein grünes Pünktchen. Hätte Eric das Tierchen nicht zufällig bei der Landung überrascht, wäre es ihm gar nicht aufgefallen. Er starrte auf das grüne Pünktchen auf dem grünen Halm, bis er nichts mehr erkennen konnte, bis Halm und Insekt ineinanderflossen. Als er dann aber kurz blinzelte, genügte dieser Augenblick, um das Pünktchen zum Verschwinden zu bringen.

Das Insekt war weitergeflogen. So unglaublich rasch! Es hatte sich in Luft aufgelöst.

Eric setzte sich auf und entdeckte, daß jenseits der engen Begrenzung seines Feldes Fliegen und Mücken wie Staubkörnchen über dem Rasen tanzten. Etwas summte an seinem rechten Ohr vorbei, und Eric warf den Kopf herum: ein metallisches Glitzern, ein Aufblitzen im Gras – schon war das summende Ding verschwunden. Wieder ein Summen. Überall war Leben, überall Bewegung. Hier war eine Menge los!

Eric rutschte näher an den Liguster heran, der das Feld im Süden begrenzte. Einzelne Äste ragten über die Schnur, herein in Erics kleine Welt. Er rieb mit dem Nasenrücken gegen einen Zweig, um die rauhe Oberfläche zu spüren.

Eine Biene schwebte über dem Strauch; ihre Flügel schlugen so rasch, daß es aussah, als werde der Körper von einem hauchdünnen, aber kräftigen Schleier getragen. Fort war sie. Soeben noch hier, – schon wieder fort. Wohin? Eric hatte keine blasse Ahnung.

Er rollte sich unter die überhängenden Ligusteräste. Hier ließ er langsam den Blick wandern: vom äußersten Blatt an einem kleinen Zweig zum Ast, zum Stamm, den Stamm entlang, bis der in der schwarzen Erde mündete.

Nun gut. Er hatte sich also das erste Feld angesehen. Und jetzt?

Eric lehnte sich zurück und stieß pfeifend die Luft aus. Er war maßlos enttäuscht. Was war geschehen? Er hatte sich dazu gezwungen, einen Zweig bis zu seinem Ursprung im Boden zu verfolgen. Sonst nichts. Das war alles. Er kam sich dumm vor.

Eric ließ den Blick zum Gartenstuhl schweifen, der auf dem Rasen stand. Von hier aus konnte er nicht mehr erkennen als ein formloses Hosenbein, einen Schuh, eine schlaff herunterhängende Hand. Ob der Alte döste? Wahrscheinlich schlief Mr. Beck sanft wie ein Baby, während Eric wie ein Idiot zwischen vier angepflockten Schnüren hockte und nichts zu tun wußte.

Er fühlte sich betrogen. Mr. Beck hatte ihn glauben gemacht, etwas Bedeutsames würde geschehen, wenn Eric sich in das Feld setzte. Aber was war tatsächlich geschehen? Nichts?

Sollte das alles ein Witz sein? Hatte sich der Alte bloß über ihn lustig gemacht?

Eric streckte sich in voller Länge aus und guckte in das Stück Himmel, das die Ligusteräste freigaben.

Der Himmel war blau, wolkenlos und gänzlich uninteressant. Es gab dort oben nichts zu sehen.

Sollte Eric tatsächlich eine volle Stunde hier ausharren? Das war einfach verrückt. Es war nervtötend. Hier fühlte er sich, wie – wie in einem Gefängnis. War es das? Wollte ihn Mr. Beck spüren lassen, was es bedeutete, im Gefängnis zu sein?

Ein leiser Windhauch ließ die Äste schwanken. Die Blätter und Zweige formten plötzlich seltsame Muster vor dem blauen Hintergrund. Auf einem Zweig bewegte sich etwas. Es war eine Ameise, die über die Blattrippen krabbelte. Schlagartig erkannte Eric, daß die Welt der Ameisen unsäglich klein war. Das hatte er natürlich schon immer gewußt, aber es war ihm erst in diesem Augenblick voll bewußt geworden. Wo das Blatt in den Zweig mündete, war ein großer Knoten – groß zumindest für die Ameise –, ein Hindernis, das sie überwinden mußte, ehe sie ihren endlosen Weg über Risse und Schründe fortsetzen konnte, der sie zuletzt in das Tal führen würde, in dem der mächtige Strunk des Ligusterstrauchs seine gewaltigen Wurzeln in die Erde senkte. Die Ameise ließ die Fühler tanzen. Wahrscheinlich war ihr Gesichtssinn kaum entwickelt; und doch stand ihr noch eine lange und beschwerliche Reise bevor, bis sie sicheren Boden erreichen würde. Für Sekunden fühlte sich Eric in den winzigen Körper dieses Geschöpfes versetzt, und er starrte aus gewölbten Facettenaugen in eine unermeßliche Welt.

Die Verzauberung war nur von kurzer Dauer. Wieder setzte Eric sich auf und blickte ziellos auf den Liguster, ins Gras und zu der Gestalt hinüber, die ihm der Gartenstuhl verbarg.

Die Sonne stieg höher und warf schwere Schatten auf die vier Quadratmeter seiner kleinen Welt. Wie eine dunkle Öllache flossen sie herein: über Erics rechtes Bein, über das linke, und rannen weiter, über die Schnurgrenze hinaus. Die lautlose, gewichtslose Schattenwanderung wirkte beruhigend und angenehm, überhaupt schien das Feld jetzt viel größer zu sein als zuvor, beim Hineinklettern.

Ein leises Rascheln erschreckte ihn. Da! Ein kleiner, brauner Vogel landete auf einem Ligusterzweig. Die dunklen Knopfaugen musterten rastlos und wachsam die ganze Umgebung. Der kleine Körper balancierte auf dem Zweig, kippte aus dem Halt – und mit einer ruckartigen Bewegung, die so rasch kam, daß Eric ihr nicht zu folgen vermochte, strich der Vogel schon wieder mit schwirrenden Flügeln davon.

Eric legte sich flach auf den Bauch und hielt den Kopf gerade so hoch, daß er über die Spitzen der Grashalme hinwegsehen konnte. Innerhalb weniger Sekunden entdeckte er zumindest ein halbes Dutzend Heuschrecken, die sich in seinem Königreich tummelten.

Wie lang saß er nun schon in dem Feld? Eric hatte sich geschworen, nicht auf die Uhr zu schauen, aber die Neugierde war doch übermächtig. Er hob die Hand vor die Augen und erschrak: Es war kaum zu fassen! Bloß zwanzig Minuten waren vergangen! Er hatte erwartet – und gehofft –, daß es schon viel später sein würde.

Er mußte irgendeine Beschäftigung finden, sonst hielt er bestimmt nicht durch. Also dachte er sich ein Spiel aus.

Er würde in seinem Reich eine Volkszählung veranstalten.

Er kroch in eine Ecke des Feldes und begann alles zu zählen, was sich bewegte. Etwas später – er hatte nicht mehr auf die Uhr geschaut – gab er auf, nachdem er gut fünfzig Insekten registriert hatte. Es krabbelten einfach zu viele Tierchen durch sein Blickfeld; es war unmöglich, sie alle unter Kontrolle zu halten. Und dabei hatte Eric noch nicht einmal ein Drittel des Feldes bewältigt.

Er änderte die Spielregeln: Jetzt war er der Pilot eines Aufklärungsflugzeuges, das auf feindliches Gebiet vorstößt, um Truppenkonzentrationen auszumachen. Das war zwar ziemlich kindisch, eher eine Sache für Roddy, aber auf diesem von vier Schnüren eingefaßten Grasfleck blieb Eric ja keine große Wahl. Wieder begann er an einer Ecke. Er stellte sich vor, durch ein Fernglas aus der Pilotenkanzel auf dichten Dschungel zu spähen. Truppen und Ausrüstung – alle Arten von Insekten – bewegten sich in großer Zahl durch das Unterholz.

Bald gab Eric das Spiel ganz auf. Statt weiter seiner kindischen Phantasie nachzuhängen, interessierte er sich jetzt für das tatsächliche Geschehen dort unten. Er kniete sich hin und senkte den Kopf, bis sein Rücken in dieser ungewohnten Position zu schmerzen begann. Noch nie im Leben hatte er etwas so genau beobachtet wie diesen kleinen Flecken Erde zwischen den vier Schnüren.

Was zunächst bloß wie ein Erdkrümel aussah, entpuppte sich bei näherer Betrachtung als Nisse, als Käfer, als winzigkleine Ameise oder als ein anderes Krabbelwesen – oder aber als eine fast durchsichtige Spinne, kaum größer als ein Stecknadelkopf, leicht und beweglich wie ein Staubkörnchen.

Die Oberfläche einer kleinen, schwarzen, runzeligen Frucht – wahrscheinlich vom Liguster – schien sich wie in Wellen zu bewegen. Überrascht erkannte Eric, daß tatsächlich zahllose winzige Tierchen auf der Frucht herumkrabbelten.

Einmal hob Eric ein Erdklümpchen auf, das kaum

größer war als sein Daumennagel, und fand heraus, daß es eine vertrocknete Fliegenleiche enthielt. Als er noch genauer hinsah, fiel ihm auf, daß sich im Fliegenleib etwas bewegte; ein so kleines Wesen, daß er nicht mehr als sein Vorhandensein ausmachen konnte.

Eric beschloß, sein Spiel wieder aufzunehmen, obwohl er längst die Hoffnung aufgegeben hatte, die gegnerischen Truppen zählen zu können. Er war wieder Kampfflieger: Das Kinn knapp über dem Boden, kroch er durch das Gras und forschte auf jedem Hügel, in jeder Senke, unter jedem geknickten Zweig und hinter jedem Stein nach Anzeichen von Leben.

Bald wurde er erneut von seinem Spiel abgelenkt, kehrte aber einmal mehr zu ihm zurück – seine Aufmerksamkeit war sprunghaft wie ein Tennisball, der immer wieder über das Netz geschlagen wird.

Plötzlich hob er den Kopf und blickte über die Abspannung hinaus in den wirklichen Garten.

Da draußen war der wirkliche Garten.

Alles jenseits der Schnüre war wirklich. Hingegen wirkte alles innerhalb des Feldes unnatürlich groß und wirr. Das krabbelte und zappelte ohne Unterlaß und hielt nie still. Davon schwirrte ihm der Kopf – weil etwas, das gerade noch da war, plötzlich verschwinden oder seine Gestalt wandeln konnte: erst feindliche Truppen, dann tanzende Mücken.

Diese vier Quadratmeter Welt waren tatsächlich der Schauplatz unerwarteter Begegnungen und seltsamer Vorgänge. Nur wenn er seine Augen anstrengte, gab sich das vielfältige Leben auf dieser grünen Insel zu erkennen. Sobald er ihm aber auf die Spur kam, entzog es sich wieder. Gelang ihm dennoch eine Entdeckung, war es damit auch schon getan; zurück blieb bloß Langeweile.

Immer wieder bekam er es mit der Angst zu tun. Dann setzte er sich kerzengerade auf. Eine Stunde? Eine Stunde hier, und dann achtundsiebzig weitere Stunden in den anderen Feldern? Er betrachtete das Schnur-Viereck, das ihn umgab, und stellte sich vor, da draußen befände sich jetzt ein tödliches Magnetfeld. Würde er auch nur eine Zehe oder einen Finger durch die Schnüre strecken, träfe ihn ein Stromstoß, und er müßte sterben. Er wußte nicht, ob er sich fürchten oder langweilen sollte. Er war überhaupt nicht mehr er selbst. Einmal fühlte er sich über alles erhaben und gleich darauf wieder wie von der Außenwelt abgeschlossen. Es war ihm schmerzlich bewußt, daß er auf eng begrenztem Raum saß und daß die Zeit verging. War es auch so im Gefängnis? Hatte sich Mr. Beck dort auch so einsam gefühlt? Aber wenn es so war, dann hatte es für Mr. Beck kein Entrinnen gegeben, während Eric jederzeit aufstehen, über die Schnur steigen und frei sein konnte. Er spielte mit dem Gedanken: Aufstehen, über die Schnur steigen, ohne ein Wort aus dem Garten schlendern ... Das wieder erinnerte ihn an ein weit zurückliegendes Erlebnis aus frühester Kindheit: Er hatte die Flamme beobachtet, die blau und gelb im Kamin züngelte. Er war alt genug gewesen, um zu wissen, daß er sich verbrennen würde, wenn er in die Flamme griff, und doch hätte er es beinahe getan. Seine Finger zitterten vor Erwartung; aber dann verflog der Spuk, und er vergrub beide Hände tief in den Hosentaschen ...

Eric stand tatsächlich auf, trat an den Rand des Feldes heran und blinzelte hinunter auf die straff gespannte Schnur. Ein Schritt, und er würde frei sein. Frei – wovon? Auf diesen vier Quadratmetern drohte ihm keine Gefahr; er hatte keinen Anlaß, sich vor der verbleibenden Zeit zu fürchten. Er hatte ebensowenig Anlaß, sich vor Mr. Beck und dessen Methode, die Dinge zu betrachten, zu fürchten. Der Schritt über die Schnur würde ihn nicht in die Freiheit führen – sondern in die brennende Flamme: in den Schmerz der Niederlage.

Er wandte der Schnur den Rücken und ließ sich einmal mehr ins Gras fallen. Wie warm es sich anfühlte! Es kitzelte am Kopf. Das Gras trug seinen liegenden Körper. Es erstreckte sich darüber hinaus in alle Richtungen; endlos. Er konnte es im Geist sehen: In großen Wellen rollte es rhythmisch dahin, bis an den fernen Horizont; wie die Meereswogen, die er vor Jahren bei einem Familienausflug am Strand beobachtet hatte...

Und dann hörte er die gebieterische Stimme, die um so ungewöhnlicher klang, wenn man bedachte, wie alt und schwach der alte Mann bereits war: »Die Zeit ist um!«

Eric sprang auf die Beine, hüpfte in einem einzigen Satz über die Schnur und rannte mit einem triumphierenden Lächeln zum Gartenstuhl.

Mr. Beck runzelte die Stirn. »Nun, was hast du mir zu sagen?«

»Ich habe es geschafft!«

»Natürlich hast du es geschafft. Du hast eine volle Stunde abgesessen. Ich will aber hören, was du dabei erlebt hast.«

Eric berichtete von seinem Versuch, die Insekten zu zählen, den er hatte aufgeben müssen, weil es zu viele waren. Er erinnerte sich an eine Textstelle in dem Buch über die Insekten: Angenommen, alle Nachkommen einer einzigen Fliege blieben am Leben, und ebenso deren Nachkommen; dann wäre bereits am Ende des ersten Jahres die gesamte Erdoberfläche mit einer fünfzehneinhalb Meter hohen Fliegenschicht überzogen.

Mr. Beck lächelte über diese Mitteilung. Zugleich gab er Eric damit zu verstehen, wie sehr es ihn beeindruckte, daß Eric eine so komplizierte Sache im Kopf behalten hatte.

»Hast du dich gelangweilt?« fragte Mr. Beck plötzlich.

»Das auch.«

»Man kann nicht so lang auf engem Raum verharren, ohne sich gelegentlich zu langweilen. Hast du auch Angst bekommen?«

Eric nickte.

Der Alte nickte zufrieden zurück. »Geh und bringe uns Eiswürfel aus dem Kühlschrank. Die Limonade ist inzwischen warm geworden.«

Als Eric mit der Blechschale aus dem Haus zurückkam, schob sich Mr. Beck gerade einige Tabletten zwischen die fahlen Lippen. Ein Blick aus den blauen Augen traf Eric. »Werde erst einmal so alt wie ich, dann wirst auch du zum Pillenschlucker, Eric. Das Zeug macht mich schläfrig. Sollte ich also einmal einnicken, während du in einem Feld sitzt, mußt du selbst auf die Zeit achten.«

Eric hätte gern erfahren, wogegen die Tabletten helfen sollten, aber das war eine jener Fragen, die Mr. Beck wohl nicht gern hörte. Es gab Grenzen, die Eric im Umgang mit dem alten Mann nicht überschreiten durfte. Und doch hatte er etwas beobachtet, das ihn zutiefst erschreckte: Das verwitterte Gesicht hatte sich, ganz kurz nur, zu einer Grimasse verzogen. Schmerz? Es waren wohl Schmerzen gewesen. Wahrscheinlich sollten die kleinen weißen Pillen den Schmerz lindern.

Eric goß sich Limonade ein und dachte dabei über das Altwerden nach. Er wollte nicht so alt werden wie Mr. Beck. Nicht älter jedenfalls, als sein Vater jetzt war. Vater konnte noch immer am Wochenende eine Runde Tennis spielen. Aber nicht mehr lang, und Vater würde mehr und mehr wie Großvater aussehen – und zuletzt wie Mr. Beck. Nein, so lange wollte Eric nicht leben, Pillen schlucken und Schmerzen leiden.

An den folgenden Tagen rückte Eric Feld um Feld weiter, von Süden nach Norden, von Westen nach Osten, bis er beinahe ein Drittel des Gartens hinter sich gebracht hatte.

Wenn er am Abend heimkam, ging er gleich nach dem Essen auf sein Zimmer, um dort zu lesen. Er lernte zwischen einem Tausendfüßer und den anderen Tracheaten zu unterscheiden, zwischen einem Frosch und einer

Kröte, und er erfuhr die seltsamsten Dinge – etwa, daß eine Termitenkönigin in der Sekunde sechzig Eier legt.

Manchmal nahm er ein Buch in den Garten mit, und es gelang ihm, nach den Zeichnungen einzelne Tiere zu bestimmen: Steinfliegen, Blattläuse, Walddrosseln und Stare. Er sah zu, wie sich Regenwürmer durchs Gras wanden und wie sich vorwitzige Sperlinge im Vogelbad tummelten. Er lernte, die Eindrücke wie von selbst auf sich zukommen zu lassen und gegen Furcht und Langeweile anzukämpfen. So beobachtete er etwa, wie eine Schar roter Ameisen durch eine Ritze in einem Brett an der Hauswand ein- und ausgingen; dort, wo lautlos das Zittergras im Wind schwankte; und er folgte ihnen einfach mit den Blicken – ohne dabei etwas Bestimmtes herausfinden zu wollen, ohne sich auch nur zu fragen, was so viele Ameisen hier mit solcher Verbissenheit zu suchen hatten. Er sah einfach zu. Er ließ seine Blicke wandern und die Ameisen arbeiten.

Und doch waren seine Erlebnisse im Garten auch von Ernüchterung begleitet: Dann erkannte er, daß sein Interesse nur vorgetäuscht war.

Wirkliche Freude empfand er nur, wenn er sich mit Mr. Beck unterhalten konnte; denn je länger er den alten Mann kannte, um so besser mochte er ihn leiden. Bei aller Achtung vor seinem Privatleben brannte Eric doch darauf, mehr über ihn zu erfahren. Manchmal überwand er in den Pausen zwischen den Stunden in den neunundsiebzig Feldern seine Scheu, und hin und wieder gelang es ihm auch, Mr. Beck eine Erinnerung zu entlocken. Dann lag Eric neben dem Stuhl im Gras, gleich neben den großen, schwarzen Schuhen, in denen die hageren Beine steckten mit den leuchtenden weißen Härchen auf der fleckigen Haut über den Socken; dann blickte er zu dem verrunzelten Gesicht auf und lauschte der kräftigen Stimme, die von fernen Häfen erzählte: von Bangkok, Kamakura und Singapur. Dort überall war Mr. Beck als Matrose bereits gewesen, noch ehe Erics Vater geboren war. Zwischendurch beschrieb der Alte auch flüchtig, und doch mit schrecklicher Eindringlichkeit, das Leben im Gefängnis. Er starrte dabei in den Garten, als sähe er alles wieder: das vergitterte Zellenfenster, die Pritsche, den Wasserhahn, die WC-Muschel ohne Brille, die nackte Glühbirne, die von der Decke baumelte.

Und einmal sprach er von seinen Bildern.

In den letzten Jahren im Gefängnis hatte man ihm ein Skizzenbuch gestattet, später auch Ölfarben und kleinformatige Leinwand.

»Es begann als Zeitvertreib«, erzählte Mr. Beck. »Aber dann nahm ich die Sache immer ernster. Zuletzt habe ich nur noch gemalt. Einige Bilder brachte ich mit. Sie sind im Haus«, sagte er stolz. »Ich werde sie dir gelegentlich zeigen.«

Eric hätte die Bilder am liebsten sofort betrachtet, bat aber nicht darum. Es war seltsam, wie er und Mr. Beck einander behandelten: gar nicht steif und förmlich; aber sie mieden doch fast alle Themen, die nicht mit dem Garten zu tun hatten. So erkundigte sich Mr. Beck zum Beispiel nie nach Erics Familie. Für die beiden begann das Leben sozusagen erst mit dem Tag, an dem Eric aus dem Hohlweg in den Garten geklettert war.

»Was soll ich dir sagen«, fuhr Mr. Beck fort. »Zuletzt tauchten sogar einige Kunsthändler im Gefängnis auf, um meine Arbeiten kennenzulernen.« Er lachte. »Einer von ihnen will tatsächlich in den nächsten Tagen wiederkommen.«

Eric betrachtete die weißen Haarbüschel, die den sonnengebräunten Kahlschädel umrahmten. Was ging in diesem Kopf vor? Was hatten diese leuchtendblauen Augen alles gesehen? Oft drängte es Eric, nach den anderen Gefangenen zu fragen. Wie hatten sich die Schwerverbrecher aufgeführt – etwa die Mörder? Und die Wärter? Hatte es im Gefängnis einen Aufstand gegeben? Oder einen Fluchtversuch? War Mr. Beck daran beteiligt gewesen, und hatte man ihn geschnappt?

Mr. Beck wurde für Eric allmählich zu einem einsamen Abenteurer: Er war ein strahlender Held, ein Geächteter, ein stolzer Außenseiter, der das herkömmliche Leben verachtete. Eric war so sehr von seiner Phantasievorstellung gefangen, daß die Stunden in den ausgepflockten Feldern weit weniger interessant waren als die Pausen dazwischen, wenn er ein Glas Limonade trank und darauf wartete, daß Mr. Beck eine weitere Episode aus seinem Leben preisgab.

Das führte so weit, daß Eric kaum noch in der Lage war, sich in eines der Felder zu setzen. Mehr noch als diese Ungeduld störte ihn allerdings der geheuchelte Eifer. Er durfte den Alten nicht belügen. Das war nicht recht. Es war schlimmer, als Scheiben zu zertrümmern.

Einige Wochen nachdem Eric begonnen hatte, von Feld zu Feld zu wandern, erwachte er eines Morgens aus einem seltsamen Traum. Er war im »Einsamen Jäger« Amok gelaufen, und Miß Beck war hinter der Theke gestanden und hatte hilflos zugesehen, wie Eric Vasen zerschlug, Tische umstürzte, Bettüberwürfe zerriß, auf Schmuckstücken herumtrampelte und mit einem Aschenbecher das Ladenfenster einschlug. Und dann hatte man ihn in einen Streifenwagen gezerrt, und Eric hatte für die Zeitungsleute in die Linsen der Kameras gegrinst.

Er wälzte sich auf die andere Seite, blinzelte in das Morgenlicht und spitzte die Ohren. Unten war es still. Die Uhr auf dem Nachttisch zeigte auf zehn. Längst hatten alle das Haus verlassen. Eric war bis spät nach Mitternacht aufgeblieben, um im Insekten-Buch zu lesen. Er war im Sitzen eingeschlafen, etwa bei Seite 450. Jetzt lag das Buch neben ihm im Bett. Eric nahm es und schleuderte es in einem plötzlichen Impuls an die Wand. Heute morgen wollte er nicht an den Garten erinnert werden. Er hatte nichts gegen Insekten im allgemeinen, aber er hatte genug davon, sie in einem ausgepflockten Feld beobachten zu müssen.

Warum ging er nicht überhaupt zu Mr. Beck, um ihm klipp und klar zu sagen, daß er nicht länger in Gartenfeldern herumsitzen wollte? Eric malte sich das Bild aus. Er sagte: »Ich mag Sie, Mr. Beck, und ich komme gern zu Ihnen, um zu hören, wie Sie auf See waren und dann ins Gefängnis kamen. Das interessiert mich wirklich. Aber der Garten läßt mich kalt. Also geben wir die Sache auf; ich will nicht mehr zwischen vier Schnüren hocken.« Und Mr. Beck nickte bedächtig und erwiderte: »Es soll mir recht sein, Eric!«

Allerdings würde Mr. Beck das nicht wirklich sagen. Er würde vielmehr über Erics Einwand einfach hinweggehen und fragen: »Wo fängst du heute an? Im Feld dreiundzwanzig?«

Seufzend stieg Eric aus dem Bett, kleidete sich an und ging nach unten. Während er den Toast röstete und den Kaffee wärmte, sah er sich ein Rührstück im Fernsehen an – nach vielen Tagen zum ersten Mal wieder. Es hatte sich kaum etwas geändert; die Krisen und Liebschaften bestanden weiterhin: ein Darsteller war verrückt, ein anderer verliebt; jemand fand eine Freundin, jemand verlor eine Freundin; einer kam vor Gericht, einer ins Krankenhaus.

Eric gähnte. Er war müde und lustlos; wahrscheinlich weil Vater ihm aufgetragen hatte, heute den Rasen zu mähen. Obwohl zweimal pro Woche ein Gärtner kam, um Mutters Blumen zu pflegen, blieb das Rasenmähen Eric vorbehalten – darauf hatte Vater bestanden. »Zumindest darum soll er sich kümmern«, pflegte Vater zu sagen, und Mutter nickte dazu. In allen anderen Belangen ließ Vater Eric dafür unter Mutters Aufsicht.

Müde und lustlos. Trotzdem ging Eric zum Schuppen hinter der Garage. Dort befand sich noch immer die komplette Heimwerkerausrüstung, die Vater letztes Jahr in einem Anfall von Enthusiasmus gekauft hatte, um sich ein neues Hobby zuzulegen. Wie üblich hatte der Eifer kaum eine Woche angehalten, bis Vater erkannte, daß ihm nach der täglichen Arbeit für nichts anderes Zeit blieb, als zu essen und dann im Halbschlaf vor dem Fernseher zu hocken. Jetzt hingen die Maschinen an den Haken, und die neue Werkbank stand ungenutzt herum. Eric strich behutsam mit den Fingern über das glatte Holz. Statt sich den Garten anzusehen, konnte er ebensogut selbst ein Hobbyschreiner werden und Roddy einen Baseballschläger schnitzen oder Susan ein Schränkchen zimmern. Unsinn. Keine Rede davon.

Er rollte den Rasenmäher aus dem Schuppen und auf den Rasen hinter dem Haus. Mrs. Wilson, die Nachbarin, saß unter einem gestreiften Sonnenschirm. Sie trug ein leichtes Sommerkleid und hatte die nackten Füße mit den purpurroten Zehennägeln auf einen Stuhl gelegt. Noch aus der Entfernung konnte Eric die vielen Sommersprossen auf Mrs. Wilsons Armen erkennen. Auf dem Tisch neben dem Stuhl stand ein gefülltes Glas. Mrs. Wilson widmete sich bereits dem Suff, obwohl die Sonne noch tief stand.

»Ric!« rief sie herüber und winkte ihm einladend zu. »Komm her, mein Junge, und trink ein Gläschen mit mir!« Das sagte sie immer, und keineswegs zum Spaß. Eric wußte, daß er das Angebot bloß anzunehmen brauchte, und sie würde ihm jederzeit geben, soviel er wollte.

Mrs. Wilson war etwa in Mutters Alter, aber kinderlos; eine reiche Frau, deren Mann sich selten blicken ließ. Sie tat ihm leid: eine gelangweilte Person mit Sommersprossen und lackierten Zehennägeln, die den ganzen Tag nichts anderes zu tun hatte, als unter einem Sonnenschirm im Garten zu sitzen und sich mit Whisky vollaufen zu lassen.

Er ging zu ihr und blieb auf sichere Distanz stehen.

»Guten Morgen, Mrs. Wilson!« sagte er. Weiter fiel ihm nichts ein. Er war nur gekommen, weil sie so einsam und verlassen wirkte.

»Nun, wie wär's mit einem Drink?« Sie grinste.

Eric grinste zurück.

»Im Ernst, verdammt noch mal!« sagte sie mit schleppender Zunge. Ihr Mund war von Lippenstift verschmiert. »Die Flasche steht im Spülstein. Bedien dich.«

»Vielen Dank, nein.«

Sie quittierte es mit einem Achselzucken und musterte ihn neugierig. »Stimmt es, daß du unter Polizeiaufsicht stehst?«

Eric nickte.

»Was hast du denn so Schreckliches ausgefressen?«

Eric sagte es ihr.

»Und warum, zum Teufel, hast du es gemacht, Ric?«

Wann immer er das gefragt wurde, sagte Eric sonst bloß: »Ich weiß es nicht.« Er wußte es ja wirklich nicht genau. Aber Mrs. Wilson hatte eine so unbefangene Art, daß er sich für sie eine bessere Antwort ausdenken mußte. Also sagte er: »Ich komme im Herbst auf die Oberschule.«

Sie legte den Kopf schief und wartete.

»Mein Freund und ich, wir hatten darüber nachgedacht.«

Er zögerte.

»Nichts als Schule, das ist irgendwie blöd, was?«

»So ungefähr«, sagte er, erleichtert, daß Mrs. Wilson gleich begriffen hatte. »Dann haben wir überlegt, was uns das letzte Schuljahr gebracht hat – und alles kam uns so sinnlos vor.«

»Und da seid ihr einfach hingegangen und habt es ihnen gegeben.« Mrs. Wilson lachte laut und nippte von ihrem Glas. »Prima«, sagte sie. »Es ist besser, ein paar Scheiben einzuschlagen, als alles im Leben schweigend hinzunehmen. Oder sich auf das da zu verlegen.« Sie schwenkte das Glas.

Eric hob die Hand zum Gruß und ging in den Garten zurück. Als er über die Schulter blickte, sah er, wie Mrs. Wilson das Glas auf ihrem beachtlichen Bauch absetzte. Die lackierten Zehennägel glänzten in der Sonne.

Eric mähte den Rasen. Während er die Maschine durch das süß riechende Gras zog, dachte er an Mr. Becks Garten. Warum kam ihm der immer so viel größer vor, obwohl Eric doch wußte, daß sein eigener Garten beinahe doppelt so groß war? Vielleicht, weil er Mr. Becks Garten wirklich mochte. Vielleicht – aber er war sich keinesfalls sicher. Jedenfalls hatte er keine Lust, sich heute mit einem Feld abzuquälen. Er wollte Mr. Beck nicht mit vorgetäuschtem Eifer betrügen. Sollte er sich jemals wieder in ein Feld setzen, dann nur, wenn ihm danach zumute war. Und deshalb würde er heute nicht zu Mr. Beck gehen, sondern ins Schwimmbad, wo an einem so heißen Tag bestimmt die ganze Bande anzutreffen war.

Er verstaute den Rasenmäher und spähte noch einmal zu Mrs. Wilson hinüber, die jetzt unter dem Sonnenschirm döste. Das Glas auf dem Tisch war mittlerweile leer.

Eric setzte sich aufs Rad, zufrieden mit seinem Entschluß, sich einen freien Tag zu gönnen – wie ein Geschäftsmann, der sich während der Bürozeit heimlich zum Tennis schleicht.

Er fuhr in die Stadt, hinunter zum Park, an den auf der einen Seite der Sportplatz grenzte – dort trainierte jetzt wohl Roddy. Auf der anderen Seite lag das eingezäunte Schwimmbad.

Wenig später stand Eric in der blauen Badehose auf dem heißen Beton am Rand des Bassins. Er fühlte sich ein wenig unsicher in der Gegenwart so vieler Menschen, meist Jugendliche in seinem Alter, die in der Sonne lagen oder im grün schäumenden Wasser schwammen. Das Bassin war groß; drei Bademeister waren ständig im Dienst.

Eric legte die Hand vor die Augen und hielt Ausschau nach Danny Richmond, Susans Schwarm.

Dort stand er, auf einem hölzernen Hochsitz, und präsentierte dem Publikum seine tief gebräunten Beine und den mächtigen Bizeps. Als Eric den kräftigen Burschen sah, kreuzte er die Arme vor der eigenen, schmächtigen Brust. Er hatte Susans Freunde noch nie ausstehen können; sie ging immer nur nach dem Aussehen. Neidvoll musterte Eric den Badewärter und steckte die Hände in die Achselhöhlen, um seinen dünnen Brustkorb zu verstecken. Danny Richmond gefiel ihm gar nicht. Aber Eric hatte Susan ein Versprechen gegeben und mußte es einhalten. Mittlerweile waren zwar einige Tage verstrichen, Susan und Danny gingen bestimmt längst fest miteinander, und es war nicht mehr notwendig, Danny Susans Existenz in Erinnerung zu rufen – aber versprochen war versprochen. Also schlenderte Eric, die Hände immer noch über der Brust verschränkt, zum Platz des Bademeisters.

»Hallo!« rief er und blinzelte gegen die Sonne zu den ölglänzenden Muskelpaketen hinauf. »Susan läßt dir einen Gruß bestellen!«

Danny Richmond starrte ihn an. »Was sagst du?«

Eric wiederholte die Botschaft; dann wurde ihm bewußt, daß Danny ihn ja nicht kannte. »Ich bin Eric Fischer, Susans Bruder.«

Danny Richmond beehrte ihn mit einem strahlenden Lächeln. »Ach so, Eric – prima! Freut mich, dich kennenzulernen.

Und *besten* Dank. Sagst du ihr, ich lasse mich *bestens* bedanken?«

Dafür, daß sie ihm guten Tag sagen ließ? Dannys übertriebene Reaktion überzeugte Eric, daß der Kerl bloß gut aussah, aber ein Idiot sein mußte, wenn ihn schon ein gewöhnlicher Gruß in Freudentaumel versetzte.

Angewidert wandte Eric sich ab und legte die größtmögliche Distanz zwischen sich und den Adonis auf dem hölzernen Podest. Im äußersten Winkel ließ er sich ins Gras fallen, streckte sich der Länge nach aus und versuchte doch zugleich, den Mädchen aus seiner Schule und ihren wachsamen Blicken ein möglichst unauffälliges Ziel zu bieten. Er hatte wochenlang nicht in der Sonne gelegen und war daher ziemlich bleich, abgesehen vom Gesicht und den Händen, die in Mr. Becks Garten reichlich Sonne abbekommen hatten. Eric betrachtete seine Arme und Beine und stellte mißmutig fest, daß sie wesentlich heller waren. Er sah aus wie ein Zebra, und der Gedanke, daß die Mädchen ihn anstarrten, brachte ihn beinahe dazu, wieder aufzustehen und fortzugehen.

Aber dann sah er jenseits des überfüllten Bassins ein vertrautes Gesicht: Silky, ein farbiger Junge aus seiner Klasse, balancierte unsicher am Ende des Sprungbretts, hüpfte ein paarmal auf dem Brett und landete schließlich mit einem mißglückten Kopfsprung im Wasser.

Auch Eric hechtete ins Bassin und schwamm mit kräftigen Stößen auf das Sprungbrett zu. Er war ein ausgezeichneter Schwimmer und stolz darauf; er genoß das rhythmische Zusammenspiel von Armen und Beinen. Schwimmen war die einzige Sportart, die er beherrschte und in der er sich nicht lächerlich oder unfähig fühlte.

Als er das Sprungbrett erreicht hatte, klatschte Silky eben nach einem weiteren mißglückten Versuch mit dem Bauch aufs Wasser. Der Aufprall war so heftig, daß alle sich nach Silky umwandten. Sein schwarzer Kopf tauchte wieder auf. Silky spuckte Wasser aus und grinste. Dann schwamm er langsam zum Beckenrand.

Eric war inzwischen schon aus dem Bassin gestiegen und half Silky beim Herausklettern.

»Was sagst du zu dem Sprung?« fragte Silky mit breitem Grinsen und packte Erics Hand.

»Du wirst es schon noch schaffen!« Eric bewunderte die

katzenartige Geschmeidigkeit von Silkys Gang. Sie schlenderten zum Zaun und setzten sich.

Silky war ein guter Turner und ein As in Chemie. Er hatte für einige Aufregung gesorgt, als er vor einem halben Jahr aus Chicago gekommen war. Es gab nicht viele Farbige in Forest Park, und in der Schule waren alle begierig darauf, einen Neuen kennenzulernen, der aus den Slums kam und bestimmt eine Menge über blutige Bandenkämpfe zu berichten wußte. Silky kam tatsächlich aus den Slums, aber er erzählte nichts. Deshalb verachteten ihn Supercool und Horse und die anderen. Sie hatten erwartet, daß er sich ihnen anschließen würde; statt dessen ging Silky zum Sprinttraining, in die Mathe-Gruppe und in eine Diskussionsrunde.

Eric und er lehnten sich an den Drahtzaun und kommentierten die Sprungtechnik der anderen Jungen. Silky war ein methodischer Beobachter. Es entging ihm nicht, wenn ein Sprung zu nahe am Brettende oder zu weit hinten angesetzt war, oder wenn der Absprung zu früh oder zu spät erfolgte. Eric war sicher, daß Silky bald selbst ein ausgezeichneter Springer sein würde.

»Was machst du eigentlich in den Ferien?« fragte Silky.

»Ach, nichts Besonderes.«

»Ich spiele viel Tennis, auch wenn das eine Menge kostet.«

»Lebst du gern hier?«

»Es geht«, sagte Silky. »Ich gewöhne mich allmählich daran. Und du? Wie kommst du zurecht?«

Eric wußte, was damit gemeint war. »Es ist natürlich idiotisch, den Bullen alle vierzehn Tage sagen zu müssen, daß ich ein Musterkind bin.«

Silky lachte. »Auch das geht vorbei.« Plötzlich richtete er sich ruckartig auf und sagte: »Ich haue lieber ab.« Er sprang auf.

Eric folgte seinem Blick quer über das Becken zur

Männergarderobe. Dort stand Horse, groß und kräftig, und daneben der um einen Kopf kleinere Zap.

Die beiden winkten Eric zu und sprangen ins Wasser.

Silky machte sich auf den Weg.

»Wo willst du hin?« fragte Eric.

Silky blieb stehen, stemmte die Hände in die Hüften und verzog das Gesicht. »Irgendwohin, wo die beiden nicht sind. Ich weiß nicht, warum du dich mit ihnen abgibst, Eric. Ich weiß nur, daß *ich* mit ihnen nichts zu tun haben will.«

»Sie sind gar nicht so übel.«

»Mag sein«, erwiderte Silky und wandte sich ab. Über die Schulter rief er Eric nach: »Aber sie sind dumm.«

›Dumm sind sie auch nicht‹, dachte Eric. Sie nahmen das Leben bloß nicht so tierisch ernst wie Silky. Dafür waren sie aufrichtiger, denn im Gegensatz zu Silky weigerten sie sich, den Zwang in der Schule mitzumachen. Eric sah zu, wie die beiden das Becken durchquerten: Horse führte; das Wasser schäumte unter seinen kräftigen Armen. Zap ließ ungeschickt den Kopf von einer Seite zur anderen baumeln. Sie kletterten aus dem Wasser, und Eric bereitete sich instinktiv auf den unvermeidlichen Schlag vor, den Horse ihm versetzen würde.

Da kam er auch schon, ein schmerzhafter Puff in den Arm. »Wo treibst denn du dich herum?« herrschte Horse ihn in gespieltem Zorn an.

»Ich weiß es!« sagte Zap grinsend; sein Schielauge blickte an Eric vorbei. »Er hat sich in seine Bücher vergraben und lernt Vöglein und Bienen, Blümchen und Bäume kennen. Er ist nämlich der reinste Bücherwurm.«

Damit hatte Solo gerechnet. Er wußte, daß er eines Tages dafür büßen mußte, daß Supercool ihn mit den Büchern ertappt hatte. Das war eben die Art, in der die Bande auf jede Veränderung reagierte.

Horse puffte ihn rauh mit einem Finger gegen die

Brust. »Was ist los mit dir? Hast du den Verstand verloren? Bist du unter die Naturfreunde gegangen?«

Zap kicherte.

»Willst du vielleicht in deinen Achselhöhlen einen Garten anlegen?« Horse begleitete jede höhnische Frage mit einem weiteren Stoß gegen Solos Brust und drängte ihn so immer mehr gegen den Zaun.

»He! Ihr dort drüben!« Der schrille Klang einer Trillerpfeife. »Hört auf, euch zu balgen!«

Es war Danny Richmond. Er hatte sich von seinem Hochsitz erhoben, die Pfeife in der einen Hand, ein Megaphon in der anderen. »Schluß damit!«

Horse ließ unwillig von Solo ab und schüttelte heimlich die Faust gegen Danny.

Solo löste sich vom Zaun, dankbar dafür, daß der Bademeister Susans Freund war. Horse führte sich tatsächlich manchmal zu wild auf. Er meinte es nicht böse; er war bloß so stark, daß er anderen weh tat, ohne es zu merken. Bei Zap war das anders. Solo hatte aus den Augenwinkeln beobachtet, wie Zap reagierte. Er hatte es genossen, daß Horse Eric Schmerzen zufügte. Sein Gesicht hatte gestrahlt. Von allen in der Bande konnte Solo Zap am wenigsten leiden. Vor Supercool hatte er Respekt, sogar ein wenig Angst; vor Horse auch ein bißchen. Aber es fehlte nicht viel, daß er Zap schlichtweg ablehnte.

»Schaut einmal!« rief Zap.

Bei den Duschen war ein blonder Muskelprotz aufgetaucht – Supercool. Er sprang direkt vom Beckenrand ins Wasser, was streng verboten war.

»Den holen wir uns!« knurrte Zap.

Die drei kletterten ins Becken und schwammen auf Supercool zu. »Wo hast du dich versteckt?« rief Horse und spritzte ihm Wasser ins Gesicht.

Zu dritt umringten sie Supercool.

»He, wartet!« japste Supercool. Die langen blonden

Haare klebten ihm am Gesicht; er sah beinahe aus wie ein Mädchen. »Laßt mich gefälligst in Ruhe!«

Die drei lachten und griffen gleichzeitig an. Supercool war gegen den geballten Angriff machtlos und mußte sich untertauchen lassen. Spuckend rang er nach Luft, bat um Schonung und versuchte, davonzuschwimmen, aber Horse packte ihn und tauchte ihn erneut unter. Kaum hatte er wieder den Kopf über Wasser, folgte die nächste Attacke.

Dann aber ließen die drei von Supercool ab, um den Bademeistern nicht unangenehm aufzufallen.

Solo fühlte sich prima. Er hatte mit aller Kraft mitgeholfen, Supercools breite Schultern zu packen, und zugesehen, wie der Blondkopf unter Wasser verschwand.

»Idioten!« schimpfte Supercool, als sie gemeinsam zum seichten Teil des Beckens schwammen.

»Geschieht dir recht!« erwiderte Horse vorwurfsvoll. »Warum kommst du auch so spät?«

Solo schaute um sich, ob jemand den Kampf verfolgt hatte. Einige Jungen starrten herüber. Einer von ihnen war kaum kräftiger als er, aber Solo fühlte sich ihm deutlich überlegen: mit der Hilfe von Horse und Zap hatte er es geschafft, einen Riesenkerl wie Supercool zu erledigen.

»Was ist denn das?« fragte Supercool jetzt. Sie standen in hüfttiefem Wasser und beobachteten ein Mädchen, das ziemlich hilflos herumzappelte.

»Das dürfte ein junger Hund sein, der schwimmen lernt!« kicherte Zap.

Es war Sandra Gibson, ein dickliches, unauffälliges Mädchen aus ihrer Schule, eine von der Sorte, die lange Zöpfe trägt.

Supercool breitete die Arme aus, krallte die Hände zu Klauen und stieß ein dumpfes Knurren aus, wie ein zorniger Gorilla. Als Sandra ihn auf sich zustapfen sah, strampelte sie heftig, um Boden unter die Füße zu bekommen, und kreuzte abwehrend die Hände vor der Brust.

Supercool spritzte ihr gnadenlos Wasser ins Gesicht. Sandra hob die Hände, um sich zu schützen, und versuchte zugleich, den Beckenrand zu erreichen. Es gelang ihr nicht. Horse hatte sie heimlich umrundet und packte sie jetzt von hinten. Mit einer Hand faßte er sie im Nacken und drückte ihren Kopf nach unten, bis nur noch die Zöpfe auf dem Wasser schwammen. Sandra schoß hoch und keuchte. Noch ehe sie richtig Luft holen konnte, hatte Zap sie schon im Griff. Als Sandra diesmal hochkam, weinte sie und hielt beide Hände vors Gesicht, als wolle sie sich eine Maske herunterreißen. Jetzt griff Supercool ein. Er schlug ihr mit der flachen Hand brutal in den Nacken, und als sie daraufhin den Halt verlor, preßte er sie lange Zeit unter Wasser, dann ließ er sie los, und sie tauchte wie ein Korken auf.

Nun war Solo an der Reihe.

Horse riß erwartungsvoll den Mund auf. Zap kicherte und hüpfte im Wasser auf und ab. Solo sprang auf Sandra zu und versuchte, sie am Arm zu packen, aber der war naß und glatt, und er rutschte daran ab. Also packte er sie am Kopf. Sandra hatte das Gesicht zur Hälfte hinter den Händen verborgen. Solo war überrascht, wie seltsam kalt sich ihre Finger anfühlten. Er krallte sich fest, drückte zu und erschrak beinahe, wie mühelos es ihm gelang, Sandra auf den Rücken zu werfen. Das Mädchen war plötzlich völlig passiv und willenlos geworden, als habe sie erkannt, daß es im Leben Dinge gibt, denen man wehrlos ausgesetzt ist und die man schweigend erdulden muß. Solo drückte Sandra so tief wie möglich nach unten. Sie wehrte sich nicht, sondern folgte gehorsam, beinahe wie auf Kommando. Als er losließ, kam sie langsam wieder hoch, die Hände immer noch vor dem Gesicht, spuckte Wasser aus und wartete wortlos, schlaff, auf die nächste Attacke.

Solo ärgerte sich, daß sie sein brutales Verhalten so willenlos hinnahm. Das war schlimmer, als wenn sie ihn geschlagen hätte. Es beschämte ihn und stachelte seinen

Zorn noch mehr an. Aber er brachte es nicht mehr fertig, sie noch einmal unterzutauchen. Statt dessen trat er einen Schritt zurück und begann, wie die anderen, Sandra anzuspritzen.

»He, ihr dort!« diesmal schrillten gleich mehrere Trillerpfeifen. Die vier Jungen wandten sich um. Alle drei Bademeister bedeuteten ihnen, das Mädchen in Ruhe zu lassen oder zu verschwinden.

Immer noch kichernd stob die Bande auseinander. Sandra blieb stehen und rieb sich langsam und umständlich die Augen, als versuche sie, einen Fremdkörper aus ihnen zu entfernen.

Die vier versammelten sich bald wieder in einer Ecke beim Zaun und pufften einander ausgelassen. Solo stieß Horse sogar einmal in die Rippen, ganz leicht, aber immerhin. Er fühlte sich wohl: stark, grausam und erwachsen. Sandra stand beim Überlaufgitter am anderen Beckenrand und äugte mißtrauisch zu ihnen herüber. Drei Freundinnen hatten sich ihr schützend beigesellt und straften die Bande mit verächtlichen Blicken.

»Geschieht ihr recht«, brummte Horse und betrachtete beeindruckt seine Fäuste, als gehörten sie nicht zu ihm.

»Dumme Gänse!« sagte Zap und schnitt den Mädchen eine Grimasse.

»Hast du es bekommen?« wollte Horse von Supercool wissen. Die beiden lehnten sich lässig an den Drahtzaun.

»Er hat keines gehabt.«

»Wovon redet ihr?« fragte Solo. Er hatte ein Recht darauf, sich zu erkundigen. Er hatte das Mädchen untergetaucht; er hatte bewiesen, daß er trotz seiner seltsamen Bücher voll und ganz zur Bande gehörte.

»Ein Typ hat behauptet, er könne uns Gras verschaffen«, erklärte Supercool. »Aber dann kam er doch nicht an den Stoff heran.« Er schnipste mit den Fingern. »Dafür gab es etwas anderes. Kommt mit!«

Die vier schlitterten über den heißen Beton, führten sich

zwischendurch – unter den wachsamen Blicken von Danny Richmond – betont gesittet auf und rannten dann um die Wette zur Herrengarderobe. Dort stelzten sie steifbeinig, wie Roboter, an die Theke, und Supercool bat den alten Garderobier, ihm seine Sachen zu bringen.

»Ich brauche nämlich mein Geld«, erklärte Supercool. »Ich hab eine Wette verloren. Also bitte, bitte.«

»Bitte, bitte!« äffte ihn Zap nach.

»Bitte, bitte!« sangen Horse und Solo im Duett.

Der Alte musterte sie verärgert, nahm dann die Blechmarke, die Supercool ihm entgegenhielt, holte den Drahtkorb vom Regal und knallte ihn mit einem verächtlichen Schnaufen auf die Theke.

Supercool nahm den Korb und wollte damit gehen.

»Nimm dein Geld hier heraus«, sagte der Mann. »Der Korb muß hier bleiben.«

Supercool errötete. »Wie ist das?« fragte er verwirrt.

»Der Korb bleibt hier.«

»Klar. Ich trage ihn nur in die Kabine und bringe ihn gleich zurück. Ich weiß nämlich nicht, wo ich mein Geld hingetan habe.«

Der Alte wollte widersprechen, aber in diesem Augenblick kamen drei andere Badegäste mit ihren Klamotten, und der Mann mußte sich kurz ihnen widmen, ehe er sich wieder mit dem verdächtigen Quartett abgeben konnte.

Supercool nutzte die Gelegenheit, schnappte den Korb und stob mit den anderen davon. Im Umkleideraum stellte er den Korb auf den Boden und führte einen wilden Freudentanz auf. Er pfiff eine Disco-Nummer, wackelte dazu obszön mit dem Hintern und fischte aus dem zerknitterten Kleiderhaufen eine Stofftasche heraus. Er öffnete sie, hörte auf zu tanzen und blickte sich mit übertriebenem Grinsen und laut knurrend in der Runde um.

»Mach schon!« rief Horse ungeduldig. »Hör auf mit dem Theater!«

Betont langsam, wie ein Zauberer, der ein Kaninchen aus dem Zylinder holt, zog Supercool eine Whiskyflasche aus der Tasche.

»Wieviel hat dir der Typ dafür abgenommen?« fragte Zap mißtrauisch.

»Einen kleinen Schein. Ihr müßt mit mir teilen.«

»Das ist zu viel!« beschwerte sich Zap. »Du hast dich anschmieren lassen. Ich hab dir doch gesagt, daß ich das Zeug zum halben Preis bekomme.«

»Aufmachen!« befahl Horse und langte nach der Flasche. Supercool wollte nicht loslassen, aber Horse war stärker. Er öffnete den Verschluß, spähte zur Sicherheit zur Kabinentür und setzte dann prahlerisch die Flasche an die Lippen. Sein Adamsapfel ging mehrere Male auf und ab, ehe Horse die Flasche wieder absetzte, rülpste und hustete.

Die Jungen kicherten. Supercool streckte die Hand aus, aber Horse drückte die Flasche fest an die Brust. »Ich bin noch nicht fertig!« knurrte er drohend. Wieder trank er in großen Schlucken, bis er krampfartig husten mußte und dabei Whisky auf den Boden spuckte. Seine Augen standen voll Wasser. »He, das Zeug schmeckt prima!« keuchte er und reichte die Flasche an Zap weiter. Der zögerte keinen Augenblick und trank, bis auch er husten und spucken mußte.

Jetzt ging die Flasche an Supercool weiter. Der musterte sie mit Kennerblicken und setzte wieder zu seinem Kriegstanz an. »Vergeßt nicht, daß ihr mir euren Anteil zahlen müßt!« krähte er.

»Mach schon!« brummte Horse.

Supercool trank.

Dann drückte er Solo die Flasche an die Brust. Solo nahm sie beim Hals. In einem Winkel des Umkleideraums standen zwei kleine Jungen. Sie hatten sich bereits die Badehose angezogen, blieben aber stehen und starrten stumm und andächtig herüber. Solo fühlte sich groß und stark unter ihren respektvollen Blicken. Er hob die Flasche zum Mund. Der Whisky brannte höllisch und nahm ihm den Atem. Schon beim dritten Schluck mußte er absetzen und spuckte alles wieder aus, den Freunden auf die Füße.

»So paß doch auf!« rief Supercool böse.

Horse riß Solo die Flasche aus der Hand. Wieder machte sie die Runde. Diesmal mußten die drei nicht mehr so viel spucken. Von der nächsten Runde an wurde ein Zeremoniell daraus.

Drei ältere Typen kamen in den Umkleideraum. Sie schüttelten den Kopf und lächelten. »Kindsköpfe!« sagte der eine gleichgültig und begann, sich umzukleiden.

Horse setzte sich auf die Bank und hielt die Flasche am Hals wie ein totes Huhn.

»Spürst du schon was?« fragte Zap aufgeregt. »Ich spüre noch gar nichts.«

»Ich schon!« behauptete Supercool und fing wieder an zu tanzen. Er verrenkte die Hüften, bis die anderen lachen mußten.

Solo setzte sich neben Horse. Er spürte die Wirkung tatsächlich. Zuerst hatte bloß seine Kehle gebrannt, aber jetzt fühlte er ein seltsames Zucken im Magen, ein Krampfen, als hätte sich der Whisky zu einem hüpfenden Feuerball verformt. Würde er das Zeug auskotzen müssen? Er hoffte verzweifelt, daß er sich zurückhalten konnte. Er durfte sich doch nicht vor den anderen übergeben. Solo wandte sich um, um zu sehen, ob die beiden Kinder ihn noch beobachteten, aber die hatten sich zum Glück bereits verdrückt. Dafür ließ ihn der eine der drei Typen nicht aus den Augen.

»Wetten, daß dir jetzt speiübel ist?« feixte er.

Solo versuchte, mit den Schultern zu zucken.

Der Typ drohte ihm mit dem Finger. »Man wird euch schnappen!«

»Na und?« erwiderte Solo kühl. Seine Kaltschnäuzigkeit überraschte ihn selbst und brachte ihm die anerkennenden Blicke der anderen ein.

»Na und?« wiederholte Zap großspurig.

Der Typ schnaubte verächtlich und band sich die Schuhe zu.

Solo wandte sich an Zap. »Gib her!« sagte er und riß ihm die Flasche aus der Hand. Er trank, bis ihm die Tränen in die Augen schossen. Zugleich krümmte er sich und kämpfte gegen eine plötzliche, übermächtige Übelkeit an.

»Nicht zu glauben!« staunte Zap. »Der Junge kann tatsächlich saufen. So einen Zug hat nicht einmal mein Alter.«

Solo schluckte und schluckte, um sich nicht übergeben zu müssen. Warum bloß hatte er noch einmal zugelangt? Sein Mund füllte sich mit Schleim, seine Augen tränten – und doch fühlte er Genugtuung. Er hatte vor den anderen bestanden! Er hatte es ihnen gezeigt; er hatte es der ganzen Welt gezeigt! Er war ein einsamer Held, wie Mr. Beck, einer, den die feine Gesellschaft mit Verachtung straft. Er hatte keine Lust, ein Börsenmakler zu werden wie sein Vater, ein Rechtsanwalt wie der Vater von Horse und Supercool, oder sonst irgendein stinkanständiger, ehrsamer Bürger. Er würde es mit der ganzen Welt aufnehmen. Er würde Bangkok sehen. Und Kamakura. Und Singapur. Alles andere war ihm egal.

»Was ist denn hier los?« sagte jemand in seinem Rücken.

Solo wandte sich um. An der Tür zur Kabine standen der Garderobenwärter und Danny Richmond.

Danny kam näher und schnappte Zap die fast leere Flasche aus der Hand. Danny trug eine Sonnenbrille und hatte sogar sein großmäuliges Megaphon mitgebracht. Die Trillerpfeife baumelte ihm an der Kordel vor der Brust. Seine protzigen Muskeln glänzten ölig. Danny wog angewidert die Flasche in der Hand und warf sie dann in einen Abfallkorb.

»Ich gebe euch fünf Minuten zum Verschwinden«, sagte er so leise, daß Solo ihn kaum hören konnte. »Fünf Minuten«, wiederholte er. Die Sonnenbrille funkelte bedrohlich. Danny wollte sich abwenden, blieb aber dann doch stehen und tippte die vier der Reihe nach mit dem Megaphon an – am nachdrücklichsten Solo. »Wenn ich einen von euch jemals wieder mit diesem Zeug im Bad erwische, lasse ich euch von der Polizei abführen. Das garantiere ich. Und jetzt zieht euch an und haut ab.«

Er bedachte Solo mit einem eiskalten Blick, ehe er gemeinsam mit dem Garderobenwärter die Kabine verließ.

Erst kicherten die vier überheblich, aber dann holten sich Solo, Horse und Zap ihre Sachen und kleideten sich so rasch wie möglich an.

Solo wußte, daß Danny Richmond nur Susan zuliebe so nachsichtig gewesen war. Wäre er nicht ihr Freund, hätten sie jetzt bereits den Aufseher oder gar die Bullen auf dem Hals gehabt und wären auf der Polizeistation gelandet. Dort hätte Solo das zweifelhafte Vergnügen genossen, Inspektor Nolan gegenüberzustehen.

Und wenn schon! Sollten sie ihn doch ins Gefängnis stecken! Es war ihm egal. Wer weiß, vielleicht würde es ihm dort sogar gefallen.

Eric trat in die Pedale; das Fahrrad pendelte von einer Straßenseite zur anderen. Vor dem Schwimmbad hatten sich die vier Freunde getrennt und beschlossen, sich anderentags bei Larry wieder zu treffen.

Wie in Wellen wogte der Brechreiz in Eric hoch, aber das Schlimmste hatte er wohl überstanden. Er wollte zum Garten fahren und Mr. Beck besuchen. Jawohl, verdammt noch mal! Eric lachte laut: er hatte sich noch nie so gut gefühlt wie jetzt, als er die graue Straße hinunterradelte.

Er blickte nach oben und sah, daß die Sonne hinter Wolken verschwunden war; sie lagen wie eine quallige

Decke über der Stadt. Eric hatte einen bitteren Geschmack im Mund. Er war schläfrig. Er spürte den kleinen Feuerball im Magen. Aber er radelte weiter, bis er die Straße erreicht hatte, in der Mr. Beck wohnte. Noch nie hatte er den Garten anders betreten als durch den Hohlweg – aber heute war eben alles anders als sonst. Er kicherte, es ließ sich nicht vermeiden: die komischen kleinen Häuser fuhren an ihm vorbei!

Es gelang ihm nicht auf Anhieb, Mr. Becks Haus zu finden. Erst beim zweiten Versuch erkannte er die Einfahrt, die Garage und das kleine Gebäude mit dem grauen Schindeldach. Es wirkte so unscheinbar und schäbig, daß Eric sich fragte, wie ein Mann von Welt – und das war Mr. Beck – es hier aushalten konnte.

Als er das Rad über die Einfahrt schob, bemerkte Eric, wie unsicher er tatsächlich auf den Beinen war. Der Boden kam ihm entgegen und schlug ihm gegen die Beine – natürlich nicht wirklich, aber so kam es ihm vor. Er kicherte. Hinter dem Haus, mit der Rücklehne zu Eric, stand der Gartenstuhl, überragt von dem verwitterten, sonnenverbrannten Kahlschädel. Der Garten lag tiefgrün unter dem wolkenverhangenen Himmel: gemächlich, geheimnisvoll und einladend.

Eric stellte das Rad in die Garage und schlenderte über den Rasen. Erst als er schon beinahe vor dem Stuhl stand, wandte ihm der Alte den Kopf zu.

Mr. Beck musterte ihn kurz und lächelte dann. »Ich habe dich gar nicht erwartet.«

»Ich war im Schwimmbad!« sagte Eric und sackte kichernd zu Mr. Becks Füßen auf den Boden.

»Was ist daran so lustig?« fragte der Alte.

Eric konnte nicht gleich antworten, weil er immer wieder kichern mußte. »Wir haben Stunk gekriegt«, schnaufte er schließlich, rollte sich auf den Bauch und stützte das Kinn in beide Hände. Wieder mußte er kichern: Er hatte »Stunk« gesagt; es war zum Brüllen!

Großvater hatte auch immer von »Stunk« gesprochen, wenn er Ärger meinte. Eric hatte das Wort noch nie verwendet. Aber Mr. Beck kannte es bestimmt.

»Was ist im Schwimmbad passiert?« fragte der Alte scharf.

»Ein paar Freunde und ich – ach was, wir – wir haben – wir haben einfach unseren Spaß gehabt. Einfach – einfach so.« Er wurde immer wieder von Schluckauf unterbrochen.

Mr. Beck lehnte sich argwöhnisch vor. »Eric?«

Eric schloß die Augen, um sich vielleicht auf diese Weise unter Kontrolle bringen zu können. Aber dann begann es hinter den Lidern plötzlich aufzublitzen, und ihm wurde totenübel. Er öffnete rasch die Augen und blinzelte heftig.

»Eric?«

Er wußte, daß er Mr. Beck nicht ins Gesicht sehen konnte, ohne lauthals auflachen zu müssen. Also blickte er starr auf den Boden.

»Eric, hast du getrunken?«

»Ja«, räumte er ein und setzte sich mit breitem Grinsen auf. »Meine Freunde – sie haben eine Flasche organisiert. Wir haben sie im Umkleideraum – wir haben sie leergegluckst.« Eric strahlte.

»Der Bademeister hat uns in hohem Bogen hinausgeschmissen.«

»So, so«, sagte Mr. Beck leise. »Und dann bist du geradewegs hierher gekommen, ja?«

»Genau.«

»Warum?«

Eric zuckte mit den Schultern; er verstand die Frage nicht.

»Warum zu mir?« fragte der Alte bedrohlich leise.

Schlagartig verging ihm das Lachen.

»Eric, ich will wissen, warum du betrunken in meinen Garten kommst?«

Eric erkannte deutlich die unterdrückte Wut in der Stimme. Er blinzelte und suchte nach einer Antwort. »Ich dachte mir – ich...«

»Nein«, fiel ihm Mr. Beck ins Wort. »Nein, du hast dir nichts dabei gedacht. Oder etwas Falsches.« Er beugte sich vor und sagte mit zornbebender Stimme: »Wie kannst du es nur wagen, in diesem Zustand zu mir zu kommen?«

Eric kämpfte sich mühsam auf die Beine.

»Raus!« zischte der Alte. »Verschwinde!« Seine Stimme wurde immer lauter und schriller. »Verschwinde! Fort mit dir! Du sollst verschwinden! Hau endlich ab!«

Eric stolperte benommen aus dem Garten und in den Hohlweg. Er stürzte, kollerte, stieß gegen Äste und Zweige und landete endlich mit voller Wucht an einem Baum. Dort blieb er liegen, halb um den Stamm gekrümmt, zerkratzt und verschrammt, und starrte durch das Unterholz in den hellen Wipfel der Roteiche, die den Garten überragte und die Südwestgrenze von Mr. Becks Welt markierte.

Die sehe ich nie wieder! sagte sich Eric.

Er rappelte sich auf und versuchte, seinen Körper wieder unter Kontrolle zu bringen. Im Sitzen lehnte er sich gegen den Baum. Nie wieder – nie wieder würde er ihn sehen. Der Schmerz würgte ihn in der Kehle. Nie wieder – der Garten – nie wieder.

Eric kam auf die Beine, schwankte ein wenig und torkelte schließlich den Hügel hinunter. Noch zweimal stürzte er, ehe er den Hohlweg erreichte. Ein schmales Rinnsal zuckelte durch den Abflußgraben. Ebereschen, Ahorn und Eichen säumten den Weg. Als Eric sich neben dem Graben auf dem Boden ausstreckte, konnte er durch die Zweige kaum den Himmel sehen. Da lag er nun und lauschte auf das leise Glucksen des Wassers. Insekten schwärmten durch die Luft. Ein Vogel raschelte irgendwo im Gebüsch. Alles ringsum lebte, war voll Bewegung. Eric schloß die Augen, und als er sie wieder öffnete, tropfte warmer Regen von den Zweigen und netzte ihm die Lippen und die Wangen. Eric schaute auf die Uhr. Es war Zeit, heimzugehen, höchste Zeit; das Abendessen wartete. Nicht, daß er etwa Appetit hatte. Er hatte geschlafen – wie lange? Zumindest eine Stunde.

Er rollte sich auf die Seite. Zwei schmale, graue Wasserfäden umrundeten einen flachen Buckel im Boden, kaum eine Handbreit voneinander entfernt. Regentropfen klatschten auf die glatte Fläche. Ein paar Mücken zogen lautlos ihre Kreise. Der Regen plumpste wie Steinchen ins Wasser. Die schweren Tropfen zerbarsten beim Aufprall; wie aufspringende Früchte; eine sanfte Musik. Der frische Grasgeruch war überwältigend. Er erfüllte die schwere, rauchige Luft, die Eric mit vollen Zügen einatmete. Über ihm schwangen die Äste in weichen Wellen, als wollten sie Eric erneut in Schlaf wiegen. Er lag eine halbe Ewigkeit in diesem grünen Duft, in der Regenmusik. Er fühlte sich in eine sanfte Wärme aufgenommen, getragen und geborgen.

Nie im Leben würde er diesen heimlichen Augenblick vergessen, da ihn eine grüne, nasse Welt umfangen hielt und wie ein kleines Kind zum leisen Flüstern des Regens einwiegte. Nie würde er den schweren Erdgeruch vergessen, der ihn an etwas erinnerte, das aus einer anderen Zeit und einer anderen Welt zu kommen schien.

Und nie würde er das schreckliche Erwachen vergessen, das ohne Vorwarnung auf diesen Zauber folgte. Zuerst eine seltsame Unruhe in der Brust, dann eine Übelkeit, die sich in den Eingeweiden ballte und wie eine brennende Faust unbarmherzig heraufschlug.

Eric mußte erbrechen. Es war, als stülpe sich sein Innerstes gewaltsam aus dem Mund. Noch nie zuvor hatte er sich so vollständig übergeben müssen.

Und dann begann er aus vollem Herzen zu weinen. Er weinte um den Verlust des Gartens. Er weinte, weil er Mr. Beck verloren hatte. Er weinte um sich.

Gegen den Sturm

Drei Tage mußte Eric mit einer schweren Erkältung das Bett hüten. Obwohl er am ersten Tag hohes Fieber hatte, konnte Mutter es sich nicht verkneifen, auf die gefährlichen Folgen hinzuweisen, die ein ungeschützter Aufenthalt im Regen heraufbeschwor. Eric hatte Glück gehabt. Seine Eltern waren an jenem Abend bei einer Party gewesen und hatten nicht gesehen, wie er, noch immer halb betrunken, ins Haus getaumelt war und sofort ins Bett fiel. Roddys neugierige Fragen wehrte er ab: er fühle sich einfach krank. Und es war keine Ausrede; er fühlte sich wirklich krank. Als Roddy nach unten trampelte, den Topf aus dem warmen Ofen holte und zu Abend aß, schlich sich Eric aus dem Zimmer, putzte die Zähne, fiel wieder ins Bett und erwachte erst am folgenden Morgen – fiebrig und frierend und kränker als zuvor.

Am zweiten Tag seiner unfreiwilligen Gefangenschaft kam Susan ins Zimmer, setzte sich aufs Bett und betrachtete ihn nachdenklich wie eine Krankenschwester – oder ein Richter. »Danny hat mir erzählt«, begann sie, »daß du ihm meinen Gruß bestellt hast. Vielen Dank.« Sie legte eine Kunstpause ein und fuhr dann, betont gleichmütig, fort: »Er hat mir auch erzählt, was ihr ausgefressen habt, du und deine Freunde.«

Eric hielt verbissen ihrem drohenden Blick stand. Manche Leute behaupteten, Susan sei hübsch. Er sah bloß die harten, prüfenden Augen, die schmalgepreßten Lippen, das vorgereckte Kinn. Er wußte seit langem, daß Susan und er nie Freunde werden konnten, was immer auch geschah. Etwas mußte vorgefallen sein, als sie beide noch kleine Kinder waren, etwas, an das weder er noch wahrscheinlich Susan sich erinnern konnten. Ohne zu wissen, warum, waren sie Todfeinde – auf immer. Eines war Eric immerhin klar: Er durfte Susan gegenüber nie nachgeben, nie auch nur die geringste Schwäche zeigen oder gar eingestehen – sonst würde sie ihn vernichten.

»Hast du es Mutter verraten?« fragte er, ohne den Blick zu senken.

»Nein. Wie die Dinge liegen, habe ich mir das geschenkt. Fürs erste möchte ich nur, daß du weißt, was Danny gesagt hat. Er hat gesagt, du solltest dir deine sogenannten Freunde vom Hals halten.«

»Wirst du es Mutter verraten?«

Susan lächelte andeutungsweise und stand auf.

»Wirst du es ihr sagen?«

»Vielleicht.« Susan stützte die Hände in die Hüften. »Vielleicht auch nicht.«

»Wenn du es Mutter nicht sagst, vergesse ich dir das nie.«

»Wie soll ich das verstehen?«

»Ich würde dir ebenfalls einen Gefallen tun.«

Susan spitzte die Lippen. »Ich werde es ihr nicht sagen – vorausgesetzt, du treibst dich nicht wieder mit diesen Typen herum. Ich möchte nicht, daß du noch mehr Schwierigkeiten bekommst. Ich möchte nicht, daß du im Zuchthaus landest und die Leute mit dem Finger auf mich zeigen und sagen: ›Das ist seine Schwester!‹ Kapiert?«

»Versprich mir, daß du es ihr nicht erzählst.«

Susan blieb an der Tür stehen. »Schon möglich.«

»Versprich es mir.«

»Also gut«, brummte sie, zuckte resignierend mit den Schultern und ging.

Eric starrte in den Regen, der beständig gegen die Scheiben prasselte. Selbst wenn er es sich nicht mit Mr. Beck verscherzt hätte, hätten sie bei diesem Wetter kaum im Garten gesessen. Eine Hoffnung tauchte auf. Er ließ sie gleich wieder fallen. Der Alte ließ ihn bestimmt nie mehr in den Garten kommen. Ein anderer Junge würde auftauchen und seinen Platz einnehmen. Allein die Vorstellung, daß das geschehen könnte, brachte Eric beinahe zum Heulen. Er biß sich auf die Unterlippe und betete zum Himmel, daß der Regen anhielte, bis er wieder gesund war. Den lieben Gott ließ er dabei aus dem Spiel, denn seine Familie war nicht sehr religiös.

Das Gebet wurde erhört. Als sich das Wetter besserte, durfte Eric das Bett verlassen. Er konnte es kaum erwarten, zum Hohlweg zu rennen und in den Garten zu klettern. Zwar war er nicht sicher, ob der Alte ihn wieder in Gnaden aufnehmen würde, aber er war bereit, ihn darum zu bitten – auf den Knien, wenn es sein mußte. Er wollte darum kämpfen, noch einmal die Chance zu erhalten, in den Garten zu kommen. Während er ans Bett gefesselt war, hatte er sich an alle Felder erinnert, in denen er bereits gewesen war, und er hatte an den breiten Streifen gedacht, der noch vor ihm lag. Vor allem aber erinnerte er sich daran, wie er am Rand des Hohlwegs gelegen hatte, neben dem Abflußgraben, wo ihm etwas Seltsames widerfahren war, wo die geheimnisvolle grüne Welt ihn mit ihrem Zauber umfangen hatte.

Er mußte zurück in den Garten.

Das alles schoß ihm durch den Kopf, als er über den Rand der Böschung kletterte und auf den flachen, sonnenbeschienenen Rasen kam. Dort saß Mr. Beck.

»Dein Fahrrad steht noch in der Garage«, sagte der Alte zur Begrüßung.

Eric trat näher und stellte sich den leuchtenden blauen Augen. »Mr. Beck«, begann er und zögerte. Er räusperte sich, damit seine Stimme entschlossener klang. »Es tut mir leid, was ich getan habe. Ich bitte um Entschuldigung. Ich möchte wieder den Garten ansehen dürfen.«

Mr. Beck ließ sich lange mit der Antwort Zeit. Bewegungslos saß er in seinem Stuhl, den Schal um den hageren, faltigen Nacken. Eric gab bereits alle Hoffnung auf, als der Alte plötzlich sagte: »In Ordnung, Eric. Ich nehme deine Entschuldigung an. Sie war mannhaft. Und jetzt werde *ich* dir etwas sagen. Seit jenem Nachmittag frage ich mich, warum du etwas so Dummes getan hast. Wie konntest du dich bloß betrinken und damit riskieren, daß du auf der Polizei landest? Warum wolltest du dir noch mehr Schwierigkeiten aufhalsen, als du ohnedies schon hast? Du wußtest doch, daß du dadurch deine Bewährungsfrist verlängern würdest oder sogar in eine Erziehungsanstalt kommen könntest. Was hat dich dazu verleitet, dir selbst so sehr zu schaden? Und dann fiel mir die Antwort ein. Eric, ich frage dich: Wolltest du mir nachgeraten? Einem Knastbruder? War es das?«

Eric überlegte angestrengt. Hatte er tatsächlich wie ein alter Mann sein wollen? Das gewiß nicht. Jedenfalls nicht wie irgendein alter Mann. Aber vielleicht so wie Mr. Beck? Wenn er es recht überlegte, konnte es das gewesen sein. Irgendwie. Irgendwie doch. »Ja«, gab Eric zu.

»Das ehrt mich beinahe. Aber, verdammt noch mal, du willst dein Leben doch nicht wirklich im Gefängnis verbringen. Oder?« Mr. Beck lächelte. »In einer winzigen Zelle.«

Eric erwiderte das Lächeln. Wenn man es so ansah, war das wirklich das Dümmste, was er sich wünschen konnte.

»Nun, ich bin froh, daß du wieder da bist«, sagte der Alte. »Um ehrlich zu sein: du hast mir gefehlt.« Mr. Beck schlug mit den Händen auf die Stuhllehnen. »Dann wollen wir uns also an die Arbeit machen.« Er blickte zu den vier Schnüren, die so ausgesteckt waren, daß das halbe Feld in einem Blumenbeet lag.

Eric ging hin, stieg in das Feld und sagte erleichtert: »Ich bin bereit.«

Wieder konzentrierte Eric sich auf die Felder. Langsam und stetig brachte er den Rasen hinter sich, dann die Blumenbeete. Er kam zur Vogeltränke und den Bäumen. Mr. Beck und er sprachen jetzt weniger miteinander als früher. Wenn Eric eine Pause machte, um Limonade zu trinken, war er meist damit beschäftigt, in den Büchern nachzuschlagen, etwa um einen Käfer zu bestimmen, den er im letzten Feld beobachtet hatte. Und natürlich sprachen sie kein Wort, wenn er zwischen den vier Schnüren saß. Meist döste Mr. Beck dann, und manchmal blieb Eric einfach sitzen, obwohl die Stunde bereits vergangen war. Das tat er vor allem, wenn er in ein Feld kam, auf dem ein Baum stand, denn da gab es vieles zu sehen, das seine Aufmerksamkeit in Anspruch nahm. Er studierte die Beschaffenheit der Rinde und die Routen der Ameisen auf ihren Beutezügen, stammauf und stammab. Oft thronte er in einem Ast über seinem kleinen Königreich und genoß von oben den Ausblick auf den Garten. Im Nußbaum tummelte sich aufgeregt das Eichhörnchen, das sie Roger genannt hatten, und funkelte Eric aus Knopfaugen wie einen Störenfried an.

Auch die Blumenbeete waren eine Welt für sich, und Eric war jedesmal froh, wenn ihn sein systematischer Vormarsch zu einem Beet führte. Da lag er dann zwischen den Stielen und preßte die Wange gegen die duftende Erde. Er konzentrierte sich ganz auf die Stelle, an der die Pflanze im Boden verschwand, und folgte ihr in Gedanken in das weitverzweigte Labyrinth der Wurzeln, als folge er Nervenbahnen in das Herz der Erde. Und manchmal gelang es ihm, sich die zahllosen Maden und Larven vorzustellen, die Würmer und anderen winzigen Lebewesen, die eine in voller Größe stehende Pflanze bevölkerten und umgaben – wie Fische eine Korallenbank im tiefsten Ozean.

Eines Tages fand er heraus, daß er den Garten nicht nur durchs Anschauen, sondern auch durchs Riechen kennenlernen konnte. Er saß mit gekreuzten Beinen in einem Feld und richtete seine Aufmerksamkeit ganz auf die Düfte, die aus der hellen, heißen Luft auf ihn einströmten. Das war nicht einfach, denn das Gehirn spielte ihm dabei einen Streich und verleitete ihn immer wieder dazu, vom Riechen ins Nachdenken abzugleiten. Dennoch lernte er mit der Zeit, mit geschlossenen Augen und aufnahmebereiten Nasenlöchern dazusitzen und die verschiedensten Düfte in sich aufzunehmen, bis sie sich unterscheiden ließen und bestimmte Formen annahmen, so deutlich und eindeutig wie eine Pflanze oder ein Insekt.

Eric versuchte auch, den Garten nach seinen Geräuschen zu erforschen, gab aber bald auf, denn zu seiner Enttäuschung kamen die meisten Geräusche von außen; eine Autohupe, Stimmen aus den Nachbargärten oder das Dröhnen eines Düsenflugzeugs.

Indem Eric sich auf diese Weise von Feld zu Feld weiterarbeitete, spürte er mit immer größerem Staunen den Pulsschlag des Lebens im ganzen Garten. Der Rasen, die Blumenbeete, sogar die Sommerluft waren bis zum Bersten erfüllt mit summenden, schwirrenden oder krabbelnden Geschöpfen. Und oft sah er ein solches Wesen regungslos verharren, ehe es plötzlich vorschnellte und zuschlug. In einem der Bücher hatte Eric gelesen, daß selbst das kleinste Lebewesen ein noch kleineres finden muß, um es zu fressen. Und das stimmte. Der Garten erbebte unter dem schweigenden Morden, weil alles Lebendige nach Nahrung suchte.

In jedem Feld erschloß sich eine neue Welt, manchmal mit einem eigenen, ganz charakteristischen Tierleben. So fand Eric etwa in dem Feld neben der Garage, bei den Purpurwinden, Blatt- und Schildläuse und Maden. Mitten auf dem Rasen hingegen traf er auf Ölkäfer, Heuschrecken und Pillendreher. Mit jedem Tag lernte er mehr über die Insekten und reihte Einzelheit an Einzelheit, bis sich ein dicht geknüpftes Netz an Wissen ergab. Er erfuhr, wodurch sich ein Falter von einer Motte im Körperbau unterscheidet, eine Heuschrecke von einer Grille. Er wußte, daß ein durchschnittliches Insekt das Zwanzigfache seines Körpergewichts tragen konnte, hingegen ein durchschnittlicher Mensch – oder ein Pferd – nicht einmal eine Last zu schleppen vermochte, die seinem Eigengewicht entsprach. Schon das bewog ihn, einen Käfer zu verfolgen, der einen Erdklumpen transportierte, der für Käferbegriffe groß wie ein Lastwagen sein mußte.

Eric lernte auch die Tiere kennen, die nur auf Durchreise kamen – zum Beispiel den Kater, der in den Garten geschlichen war, um sich an die jungen Rotkehlchen heranzupirschen. Hin und wieder gelang es Eric, eine geschmeidige, fast meterlange Schwarznatter aufzuspüren, die sich in blitzschnellen Wellenlinien durchs Gras schlängelte, dem Hohlweg entgegen, wo es Feldmäuse zu jagen gab. Der prachtvolle Anblick dieser gewaltigen Todesmaschine – das war sie zumindest für die kleinen Nagetiere – veranlaßte Eric, in die Bücherei zu eilen und sich ein Buch über Schlangen zu beschaffen.

Er ließ sich auch ein Buch über das Wetter geben, denn er hatte gemerkt, daß er den Garten nur verstehen konnte, wenn er die Witterungsbedingungen mitberücksichtigte. Die Luft über jedem Feld, in dem er saß, hatte ihr eigenes, unsichtbares Leben. Eric lernte, aus dem Flug der Schwalben über dem Garten eine Veränderung des Luftdrucks abzulesen: Fiel das Barometer, strichen sie auf der Suche nach schwerer Luft dichter über die Hecken. Klangen alle Geräusche besonders dumpf und scharf, wußte Eric, daß sich eine Sturmfront näherte. Selbst die Gerüche des Gartens verrieten ihm etwas: Je schärfer es roch, um so niedriger war der Luftdruck. Er stellte sich das so vor, daß die Blumen und das Gras freier atmen konnten, wenn die Luft ihren harten Zugriff lockerte.

Eric gab sich nicht damit zufrieden, stets am hellichten Tag in den Feldern zu sitzen. Er kam auch in der Dämmerung, achtete nicht auf die schweigsame Miß Beck, die ihrer Gartenarbeit nachging, und blickte in die Sonne, die wie ein glühendes Stück Kohle versank, um wenige Minuten später vom kalten elektrischen Flimmern der Leuchtkäfer abgelöst zu werden, die über dem Rasen hingen. Um der Familie sein Zuspätkommen zu erklären, log Eric, er sei in der letzten Nachmittagsvorstellung im Kino gewesen.

Er kam sogar nach Mitternacht in den Garten, wenn daheim alles schlief. Vorsichtig schlich Eric über die Treppe und aus dem Haus und lief durch die finsteren Straßen zum Garten. Die vier Schnüre, die das Feld begrenzten, schimmerten matt aus dem Dunkel. Eric saß lange in seinem nachtschwarzen Reich, ohne je auf die Uhr zu schauen; er orientierte sich nur nach dem Lauf der Sterne in ihren Bahnen. Wie die Speichen eines unendlichen Rades kreisten sie über den dunklen Himmel. Eric konnte die Sternbilder nach einem Buch benennen. Wenn der äußerste Deichselstern des Großen Wagens direkt über der Kante des Hausdaches stand, wurde es für Eric Zeit, sich auf den Heimweg zu machen.

Ein anderes Mal wachte er ganz zeitig auf – er hatte den Wecker seiner Armbanduhr gestellt; wie immer hatte Vater ihm nur das Beste gekauft –, stahl sich aus dem Haus und kam knapp vor Sonnenaufgang in den Garten. Er saß im kühlen Morgentau und sah, wie im Osten ein schwacher blauer Lichtstreifen über den Himmel kroch und sich über die Häuser jenseits des Hohlwegs hob. Dann ergoß sich strahlendes Orange über die Roteiche und den Nußbaum, als tropfe das Licht langsam aus einer Flasche. Der ganze Himmel schien zu zittern, als wolle er den Schlaf abschütteln und zu neuem Leben erwachen. Eric saß noch im taufrischen Gras, als sich hinter ihm knarrend die Tür öffnete und Miß Beck aus dem Haus kam, um die morgendliche Gartenarbeit zu verrichten. Sie sprach ihn nicht an, und auch er wandte sich nicht zum Gruß nach ihr um, aber er konnte sie vor sich sehen – groß, knochig, das metallgraue Haar gestrafft und zu einem strengen Knoten gebunden. Er hörte ihre raschen Schritte, als sie in die Garage ging, hörte das Klappern der Blumenschere im Beet, das links hinter ihm lag. Er stellte sich vor, wie sie dort arbeitete, sorgfältig, mit dem verbissenen Eifer eines Menschen, der nie lachte. Schließlich wurde es Zeit für ihn. Ohne sich nach der Frau umzusehen, ohne sich von ihr zu verabschieden, stand er auf und ging durch den Garten zum Hohlweg. So schnell er konnte, rannte er auf den schmalen Wegen zwischen den Häusern heim, die im harten Frühlicht lagen. Im letzten Augenblick kam er an. Als er über die Treppe jagte, läutete im Schlafzimmer Mutters Wecker.

Und so kam er von Feld zu Feld. Er gewöhnte sich daran, in jedem neue Erfahrungen zu machen. Manche gefielen ihm besser als andere, aber wo er auch saß, immer geschah etwas. Immer. Schließlich dachte er an den Garten nicht wie an einen Flecken Land, den man aus der Umgebung geschnitten hatte, sondern wie an ein Stück unruhiger See, über die Maßen groß, in steter Bewegung und grenzenlos. Nichts war unverrückbar, wenn man es nur lang genug beobachtete. Und alles atmete. Sogar das Holz atmete. Wenn er das Ohr an einen Stamm legte, konnte er den Baum leben und atmen hören: er ächzte, knarrte und seufzte, wenn ihn der Wind streifte oder sich die Luftfeuchtigkeit änderte.

Die zunehmende Vertrautheit mit dem Garten machte die Arbeit nicht leichter. Jedesmal, wenn Eric in ein neues Feld kam, betrat er wie ein Entdecker unbekanntes Land. Am Ende des Tages war er oft in Schweiß gebadet und völlig erschöpft, als hätte er mit Silky schwer trainiert.

Und jeden Tag gab es ein kleines Drama, das für Abwechslung und Aufregung sorgte. Einmal jagte der Hund eines Nachbarn ein Kaninchen über den Rasen. Bis an sein Lebensende würde sich Eric an den gehetzten Blick des flüchtenden Tieres erinnern. Dann wieder fand er am Morgen unter der Eiche ein totes Rotkehlchen, das Federkleid naß und verklebt, und schon zitterte der Kadaver unter neuem Leben, bohrten sich Maden in das warme, abgestorbene Gewebe. Der Vogel mußte aus einem Nest gefallen sein, das ganz hoch im Baum war, denn – und das war ungewöhnlich – weder er noch Mr. Beck hatten gewußt, daß in der Eiche Rotkehlchen hausten. Die Erkenntnis, daß er noch so ausführlich und intensiv beobachten konnte, was in den neunundsiebzig Feldern geschah, und doch stets etwas übersehen würde, ernüchterte Eric.

Und dann kam der Maulwurf. Sein Auftauchen war eine Sensation, und hätte es eine Zeitung gegeben, die über die aktuellen Ereignisse im Garten berichtete, hätte der Maulwurf Schlagzeilen gemacht.

Mr. Beck saß im Stuhl und zeigte mit seinem zitternden Finger auf die kleinen Erdwälle, die mitten auf dem Rasen im Zickzack aufgetürmt waren, wie das erstarrte Kielwasser eines Delphins, der durch das grüne Meer pflügte.

»Ein Maulwurf«, stellte er grimmig fest. »Das ist eine Maulwurfspur.«

Eric bückte sich und studierte die Erdbuckel, die sich quer über den Rasen hinzogen.

»Er gräbt nach Würmern«, erklärte Mr. Beck.

An diesem Tag saß Eric in einem Feld, das gleich neben der Maulwurfspur lag. Er brach die Regel, sich auf die Vorgänge innerhalb des Feldes zu beschränken. Immer wieder starrte er über die Schnurgrenze hinüber zu der Wellenlinie im Gras. Unablässig mußte er an den Maulwurf denken. Er konnte ihn sich vorstellen, er sah direkt, wie der weiche, glatte Pelz durch die feuchte Erde glitt, wie die großen, schaufelförmigen Füße unermüdlich in Bewegung waren und die schmutzverkrustete Schnauze heftig schnupperte, damit ihm nur ja kein flüchtender Wurm entging.

Der Maulwurf war ein gefräßiger Eindringling, ein gnadenloser Bulldozer, der unter den Maden und Würmern und den anderen unterirdischen Lebewesen Tod und Verderben anrichtete. Eric konnte sich ausmalen, wie er in die Behausung eines winzigen Geschöpfes eindrang und dessen weichen, warmen Körper in die rote Schnauze saugte.

»Ich habe einmal gehört«, erwähnte Mr. Beck später, als sie im sonnenüberfluteten Garten ihre Limonade tranken, »daß ein Maulwurf verhungert, wenn er auch nur einen halben Tag lang ohne Beute bleibt.«

»Geschieht ihm recht«, sagte sich Eric grimmig – nicht, weil er den Maulwurf haßte, sondern aus Mitgefühl zu dem unterirdischen Leben im Garten.

Es war Donnerstag, der Tag, an dem er sich wieder einmal in der Polizeistation melden mußte. Der Gedanke stimmte ihn nicht gerade froh, vor allem, weil der Garten auf ihn wartete. Es versprach, drückend heiß zu werden, ein Wetter, das die Insekten ermutigte, in Trauben aus ihren geheimen Verstecken zu kommen und glänzend und geschäftig auszuschwärmen.

Während Eric sich mit zwiespältigen Gefühlen ankleidete – einmal betont langsam, um den Gang zur Polizei noch hinauszuschieben, und dann wieder hastig, um so bald wie möglich in den Garten zu kommen –, trödelte Roddy auf dem Fußboden mit einem Kipplader und einigen Plastiksoldaten herum. Er hatte Halsschmerzen und konnte nicht auf den Sportplatz gehen.

Roddy blickte auf, als Eric sich die Schuhe anzog. »He, du«, sagte er, »wirfst du mir ein paar Bälle zu?«

Eric knotete die Schnürsenkel fest und erwiderte unbestimmt: »Wenn du krank bist, bleibst du besser im Haus.«

»Ich hab dir doch gesagt, daß ich nicht krank bin.«

Eric gähnte und rieb sich die Augen. Er war bis lange nach Mitternacht aufgeblieben und hatte im Schlangenbuch gelesen.

»Es ist nur ein bißchen Halsweh.«

Eric nahm das Buch vom Bett und schob es sich unter dem Hosenbund in die Jeans. Er hatte die Absicht, später, in den Pausen, im Garten darin zu lesen, denn er war mitten im Abschnitt über die nordamerikanischen Klapperschlangen eingeschlafen.

»Was machst du heute?« wollte Roddy wissen. Er umklammerte einen Soldaten mit der Faust.

»Ich muß jetzt gehen«, sagte Eric. »Hast du schon dein Frühstück gekriegt, oder soll ich dir noch rasch einen Toast machen?«

»Ich hab schon gegessen. Wo gehst du jetzt hin?« Roddy knallte verbittert den Soldaten auf den Boden. »Wenigstens ein paar Bälle könntest du mir zuwerfen.«

Eric wandte sich an der Tür um und sagte: »Nächstes Mal, okay?«

»Du tust es ja doch nicht. Immer... immer gehst du fort. Ich meine...« Roddy suchte nach einer besseren Erklärung für Erics unverständliches Verhalten. »Du sitzt gar nicht mehr vor dem Fernseher.«

»Sieh zu, daß du erst einmal deine Erkältung loswirst«, sagte Eric und flüchtete zur Treppe.

Mit schriller Stimme rief ihm Roddy bettelnd nach: »Sei doch nicht so! Komm schon, wirf mir ein paar Bälle zu! Das dauert ja nicht lang.«

»Es geht jetzt nicht!« rief Eric zurück und hastete über die Stufen.

Er kam sich schäbig vor, weil er Roddy selbst einen so kleinen Gefallen abschlug und sich nicht einmal das bißchen Zeit für ihn nahm. Aber der Garten wartete, und zuvor mußte Eric noch das lästige Gespräch auf der Polizeistation hinter sich bringen. Einen Augenblick lang dachte er daran, wie Vater zumute sein mußte – immer im Druck, immer von Terminen gehetzt, immer dazu gezwungen, auf Wünsche zu verzichten, die sich Leute mit weniger Verantwortung bequem erfüllen konnten.

Als er in der Küche Butter auf den Toast strich, läutete das Telefon. Eric nahm den Hörer ab. Die Stimme kam ihm irgendwie bekannt vor: ruhig und leise, präzise im

Ausdruck; die Stimme eines mißtrauischen, leicht verstimmten Menschen.

Es war Miß Beck.

Sie bat ihn, »bei nächster Gelegenheit« im »Einsamen Jäger« vorbeizukommen, ohne eine Begründung zu nennen.

Diese Aufforderung beunruhigte ihn auf dem ganzen Weg zur Polizeistation. Da stand er immer noch lieber Inspektor Nolan gegenüber als Miß Beck, obwohl er nicht hätte sagen können, warum. Oder doch? Es lag wohl daran, daß Miß Beck irgendwie die Macht hatte, sich zwischen ihn und Mr. Beck zu stellen, zwischen sie beide und den Garten. Die Frau störte – wie ein Erwachsener, der sich in das Spiel von Kindern mischt. Sie war eine Gefahr; sie konnte auf Mr. Beck ausgerechnet jetzt, wo alles im Garten so gut ging, Druck ausüben. Eric war sicher, daß Miß Beck ihn haßte; und als er das Polizeigebäude betrat, sperrte er sich innerlich bereits gegen die Frau, noch ehe sie einander im »Einsamen Jäger« trafen.

Eric blickte dem Inspektor fest in die Augen und beteuerte, Mr. Beck nicht weiter getroffen zu haben.

Nolan sah ihn prüfend an. »Das höre ich gern. Wir schätzen es nämlich nicht, wenn Jungen in deinem Alter sich mit einem alten Knaben wie Beck abgeben.« Er ließ den Drehstuhl kreisen und wandte sich an einen Kollegen. »Hab ich recht?«

»Du sagst es«, erwiderte der Polizist.

Bei keinem der beiden klang der übliche Spott im Umgang mit Eric durch. Er spürte, daß es ihnen diesmal wirklich ernst war.

»Keine Sorge«, sagte er unbestimmt. »Ich weiß schon, was ich tue.«

Als Eric die Polizeistation verließ, traf er Bones. Eric blieb stehen, aber Bones ging weiter und rief ihm über die Schulter nach: »Wir dürfen doch nicht miteinander reden!« Dann winkte er fröhlich und bemerkte: »Übrigens fragen wir uns alle, wo du dich in letzter Zeit herumtreibst.«

Alle, das heißt: die Bande. Erst jetzt wurde Eric bewußt, daß er die Freunde seit drei oder vier Tagen nicht getroffen hatte. Gelegentlich hatte er an sie gedacht, hatte sich auch wiederholt vorgenommen, zu Larry zu gehen. Es war aber immer etwas dazwischengekommen: der Garten, die Bücher. Er war voll ausgelastet, für die Bande blieb ihm kaum noch Zeit. Früher oder später würden die Freunde eine Erklärung für sein Fernbleiben fordern. Während er zum »Einsamen Jäger« radelte, ängstigte ihn die Vorstellung, daß Horse ihn wie ein Dampfhammer mit Püffen und Stößen gegen die Wand drängte und ihn anherrschte: »Wo bist du gewesen? Warum hast du uns im Stich gelassen?«

Dann stand er vor dem kleinen Souvenirladen. Er blinzelte zu dem Schild hinauf – »Zum Einsamen Jäger« –, atmete tief durch und stieß die Tür auf. Eine Glocke bimmelte, und die grauhaarige Frau hinter dem Ladentisch hob den Blick von dem Rechnungsbuch, das aufgeschlagen vor ihr lag.

Sofort fühlte sich Eric erleichtert. Die Frau strahlte eine Ruhe aus, die seine Furcht vor einer unangenehmen Auseinandersetzung zerstreute. Nicht etwa, daß sie ihm zulächelte. Aber ihr Gesicht war nicht verzerrt, ihre Haltung nicht aggressiv oder zornig.

Und doch stemmte sie plötzlich beide Hände auf das Verkaufspult, als er auf sie zukam, als wolle sie sich vor Eric schützen, sich gegen ihn verteidigen. Jetzt verstand er, wie ähnlich sie einander waren: Jeder fürchtete den anderen. Eric blieb stehen und lehnte sich an einen Tisch mit Waren.

Noch hatten sie kein Wort gewechselt, und schon kam es ihm vor, als hätten sie einander endlos angestarrt. Hinter einer Glasvitrine mit allerlei Porzellanzeug hing eine Uhr; sie tickte laut und methodisch. Im übrigen war die Stille beinahe zum Greifen, so gegenwärtig wie die Waren, die zum Verkauf auslagen. Der Raum schien bevölkert, als lauschten die Dinge auf ihn und diese seltsame, ruhige Frau.

Auf einmal begann sie mit leiser Stimme von ihrem Vater zu sprechen. Sie setzte offenbar voraus, daß Eric von seinem Gefängnisaufenthalt wußte, denn sie begann damit, daß sie erst elf Jahre alt gewesen sei, als ihr Vater ins Gefängnis mußte; daß sie ihn zunächst für sein Verbrechen gehaßt habe und sich schwor, ihn niemals zu besuchen. Erst als sie schon beinahe zwanzig gewesen sei, sei sie zu ihm ins Gefängnis gegangen.

»Ich kann dir meine Gefühle nicht beschreiben, Eric«, sagte Miß Beck. »Nicht, daß ich meinem Vater verziehen hätte. Das konnte ich nicht und werde es nie können. Aber ich habe gelernt, mit der Tatsache zu leben, daß er ein Verbrecher ist. Ich kam zu ihm, weil ich erkannte, daß er litt. Ich glaube, er litt so sehr, wie ein Mensch nur für ein Fehlverhalten leiden kann, das so schreckliche und endgültige Folgen hatte, daß nichts in der Welt es wieder gutmachen kann.«

Miß Beck sprach nicht weiter. Eric wußte, warum. Sie wartete, daß er ihr die Frage stellen würde, die er jetzt an sie richtete, so leise und zaghaft, daß er seine eigene Stimme kaum hören konnte.

»Was hat Mr. Beck denn getan?«

Sie antwortete tonlos, aber ohne zu zögern. »Er hat einen Mord begangen, Eric. Deshalb wollte ich ihn so lange nicht sehen.« Miß Beck sprach langsam, als erinnere sie sich erst jetzt wieder an jene acht Jahre. »Dann sagte mir seine Schwester, meine Tante – sie ist mittlerweile gestorben –, wie sehr er seine Tat bereue und für sie büße. Das bewog mich, ihn doch zu besuchen. Nicht aus Vergebung, sondern aus Mitleid. Verzeihen werde ich ihm nie. – Nie«, wiederholte sie mit plötzlicher Schärfe. »Aber ich erkannte endlich, daß er litt. Und von jenem Tag an ging ich, beinahe dreißig Jahre lang, an jedem Besuchstag zu ihm. Bis er vor einigen Monaten begnadigt und vorzeitig entlassen wurde. Eric, kannst du dir denken, warum ich dir das alles erzähle?«

»Weil ... weil Mr. Beck und ich Freunde sind.«

»Deswegen. Und weil es in unserer kleinen Stadt bald kein Geheimnis mehr sein wird, daß mein Vater für einen Mord lebenslänglich bekam. Ich wollte vermeiden, daß dich diese Nachricht eines Tages unvorbereitet trifft.«

»Er hätte es mir selbst gesagt«, behauptete Eric.

»Vielleicht. Aber es ist nicht gerade leicht, jemandem so etwas anzuvertrauen. Nicht einmal einem Freund.«

»Er hätte es mir trotzdem gesagt.«

Miß Beck seufzte tief, und zum ersten Mal, seit Eric in den Laden gekommen war, nahm sie die Hände vom Pult. Sie verschränkte sie und preßte die Knöchel aneinander. »Da ist noch etwas«, sagte sie. »Er wurde begnadigt, weil er sich in all den Jahren mustergültig verhalten hat. Und weil er bald sterben wird.«

Als Eric diese letzten Worte hörte, begann er zu zittern. Ihm war, als hätte man ihn plötzlich in eisiges Wasser gestoßen. Seine Arme und Beine zitterten.

»Siehst du, Eric«, fuhr Miß Beck mit leiser und ruhiger Stimme fort – er ahnte, daß es sie ungeheure Anstrengung kosten mußte, so gefaßt zu bleiben –, »ich holte ihn nach Hause, weil es das mindeste ist, das eine Tochter für ihren Vater tun kann. Er hat mehr gelitten, als wir alle uns vorstellen können. Aber ich wußte auch, was uns bevorsteht. Irgend jemand wird sich eines Tages erinnern. Vielleicht fällt jemandem ein altes Zeitungsfoto in die Hand. Oder das Gefängnis läßt die Nachricht durchsikkern. Das läßt sich nicht vermeiden. Darauf war ich vorbereitet. Und dann ...« Sie blickte Eric beinahe zärtlich, jedenfalls voll Traurigkeit an. »Und dann kamst du. Mir gefiel das nicht. Ich wollte nicht, daß ihr Freunde werdet, denn obwohl mein Vater diese Freundschaft sichtlich genießt, konnte ich doch nicht wissen, was für ein Junge du bist. Und wie du reagieren würdest, wenn alles ans Licht kommt.«

Eric versuchte, die Tränen zurückzuhalten. Er konnte an nichts anderes denken, als daß Mr. Beck nur aus dem Gefängnis gekommen war, um zu sterben. Es war nicht fair. Es war einfach nicht fair. Seine Fäuste ballten sich. Blinder Zorn erfüllte ihn. Nicht auf Miß Beck oder die Gefängnisbeamten oder auf jemand Bestimmten. Er war zornig, weil es nicht gerecht war, daß Mr. Beck sein ganzes Leben im Gefängnis verbringen mußte und nur zum Sterben entlassen wurde.

»Ich will nicht, daß er stirbt«, preßte er hervor. Und er wiederholte, mit zornerstickter Stimme: »Ich will es nicht.« Seine Augen brannten. Er wollte aber jetzt doch nicht heulen. Plötzlich erschrak er und fragte. »Weiß Mr. Beck, wie es um ihn steht?«

»Ja, Eric, er weiß es.«

Wieder diese Stille. Nur der Herzschlag der Uhr war zu hören, hypnotisierte ihn. Eric schaute überallhin, nur nicht auf Miß Beck. Endlich fand er den Mut, ihr ins Gesicht zu sehen, ohne in Tränen auszubrechen. »Weiß er auch, daß Sie es mir heute sagen würden?«

»Ich meine, kein anderer als du könnte ihm sagen, daß du jetzt auch das von ihm weißt.«

»Warum ich?« Eric erschrak zutiefst. »Ich möchte nicht – darüber sprechen. Warum sollte ich es tun?«

»Weil du sagst, daß du sein Freund bist. Wenn du über eine so wichtige Sache nicht mit ihm sprechen kannst, solltest du dich fragen, wie weit deine Freundschaft trägt.«

Nun traf ihn der andere Gedanke, den er verdrängt hatte, als er erfuhr, daß Mr. Beck sterben mußte. »Hat er wirklich – jemanden umgebracht?« fragte Eric, als könne er es noch immer nicht glauben.

Miß Beck nickte. Sie wandte sich ab, bückte sich über

die Teller, die im Regal hinter dem Ladentisch aufgestapelt lagen, und wischte sie verbissen mit dem Taschentuch blank. Eric erkannte, daß auch Miß Beck den Tränen nahe war, sie, die sich doch immer dazu zwang, nie die Beherrschung zu verlieren. Er wollte nicht, daß sie sich dafür schämte, in seiner Gegenwart Schwäche gezeigt zu haben, und verließ wortlos den Laden.

Er stieg aufs Rad und trat in die Pedale. Wohin sollte er jetzt fahren?

Wohin? Zum Garten, zu Mr. Beck? Es war wohl besser, diese Begegnung zu verschieben, bis er die beiden furchtbaren Nachrichten einigermaßen verarbeitet hatte: Mr. Beck war ein Mörder; Mr. Beck würde bald sterben.

Sollte er zu Larrys Restaurant fahren und die Bande treffen? Nein, er würde ihre rauhen Späße nicht ertragen können. Er konnte sich nicht an ihren Prahlereien beteiligen und dabei doch immer nur an Mr. Beck denken müssen.

Sollte er nach Hause fahren und lesen? Kein Buch der Welt würde ihn heute von seinen Gedanken ablenken.

Zum Schwimmbad? Ins Kino? Wohin sollte er fahren?

Doch da war er schon auf dem Weg zum Garten. Miß Beck hatte recht. Gewissen Dingen mußte man sich unter Freunden stellen.

Es war schon beinahe Mittag, als Eric in den Garten kam. In allen Winkeln zwitscherten die Vögel, und am Himmel segelten kleine Wolkenknäuel, über denen wieder, groß und mächtig, ganze Wolkengebirge thronten.

Eric lebte auf, obwohl er sich nach wie vor gegen das Gespräch sträubte, das ihm bevorstand, und es fürchtete. Der Garten selbst gab ihm Mut und Kraft. Hier war alles gut: die grünenden Pflanzen, die Insekten und Vögel, sogar die Wolken am Himmel. Nichts, was immer hier geschah – auch zwischen Eric und Mr. Beck –, konnte dem Garten letztlich etwas anhaben.

»Ich dachte schon, du würdest es heute nicht mehr schaffen«, sagte Mr. Beck und winkte ihm aus dem Stuhl entgegen, der diesmal neben der Vogeltränke stand.

Eric näherte sich zögernd. Wie sollte er sich verhalten? Sollte er gleich mit allem herausrücken?

Er stellte sich dem festen, fragenden Blick der blauen Augen und sagte: »Am liebsten wäre ich gar nicht gekommen.«

»Was hat es denn gegeben?« Und dann, weil Eric schwieg, sagte er ruhig: »Mehr über mich?«

Eric nickte.

Der Alte faltete mit einer resignierenden Geste die Hände. »Und wie hast du es herausgefunden?«

»Miß Beck sagte es mir. Im Laden.«

»Hat sie dir alles gesagt?« Mr. Beck schloß die Augen zu engen Schlitzen und musterte ihn eindringlich. »Sie hat dir gesagt, wofür ich ins Gefängnis mußte?«

»Ja, Mr. Beck.« Es klang förmlich. Aber etwas Distanz würde es erleichtern, über so persönliche Dinge zu sprechen.

»Ich frage mich, ob sie dir wirklich alles gesagt hat«, überlegte Mr. Beck laut. Der angespannte Gesichtsausdruck verriet den inneren Kampf. Schließlich sagte er ruhig, sanft, beinahe als zweifle er an seinen eigenen Worten: »Ich frage mich zum Beispiel, ob sie dir gesagt hat, daß der Mensch, den ich getötet habe, ihre eigene Mutter war.«

Noch ehe Eric Zeit fand, diese ungeheure Enthüllung zu verkraften, schlug Mr. Beck entschlossen gegen die Stuhllehnen. Er hatte eine Entscheidung getroffen. »Setz dich, Eric. Ich habe dir eine Menge zu erzählen.«

Eric nahm zu seinen Füßen Platz, ohne Mr. Beck anzusehen. Statt dessen schaute er in den Garten, ins Gras, zu den Bäumen und Blumen, als hielten sie ihn in der wirklichen Welt, während die brüchige Stimme in der

Mittagshitze von Liebe, Haß und Gewalt berichtete, von einer anderen Welt, die längst versunken war, als Eric geboren wurde.

Mr. Beck begann mit Unverfänglichem: mit seinem Leben auf hoher See. Es war ein gutes Leben für einen jungen Menschen, der noch kein Ziel kannte. Aber mit der Zeit drängte es ihn nach mehr Sicherheit. Also musterte er ab, überredete einen Geschäftsmann, ihm finanziell unter die Arme zu greifen, und verlegte sich auf die Herstellung kleiner Boote. Das war vor mehr als fünfzig Jahren gewesen. Mr. Beck hatte einen guten Riecher gehabt. Viele reiche Leute entdeckten damals, daß man nicht eigens aufs große Meer hinaus mußte, sondern daß es ebensoviel Spaß machte, in Binnengewässern Matrose zu spielen. Bald fuhren Mr. Becks Kabinenkreuzer auf allen Flüssen und Seen. Sie brachten Geld ein, und schon nach wenigen Jahren war Mr. Beck ein wohlhabender junger Mann.

»Um diese Zeit lernte ich ein Mädchen kennen und verliebte mich in sie«, erzählte Mr. Beck weiter. »Was weißt du von der Liebe, Eric?«

»Ich glaube, ich weiß genug.« Eric dachte an seine Schwester und ihre tölpelhaften Verehrer. Wenn das Liebe war, konnte er darauf verzichten.

»Genug?« Mr. Beck lachte. »Niemand kann jemals genug von der Liebe wissen. Wie dem auch sei, wir heirateten und waren glücklich. Und wir bekamen Sophia – das ist meine Tochter.«

Zum ersten Mal hörte Eric Miß Becks Vornamen. Er klang gut und sanft und schien überhaupt nicht zu ihr zu passen.

Nun erzählte Mr. Beck von seinem Familienleben. Seine Stimme bekam einen beinahe schwärmerischen Ausdruck, als könne er kaum glauben, soviel Glück einmal selbst erlebt zu haben. Das Geschäft blühte. Seine Frau war Sophia eine gute Mutter; Sophia war ein aufgewecktes, fröhliches und stets zu Streichen aufgelegtes kleines Mädchen.

»Vielleicht hatte ich mehr vom Leben, als einem Menschen von Rechts wegen zusteht«, sagte Mr. Beck traurig. »Denn dann, Eric, lernte meine Frau einen Mann kennen, den sie mehr liebte als mich.« Seine Stimme begann zu schwanken, und Eric war froh, daß er in den Garten schaute und nicht zu Mr. Beck. »Das wollte ich nicht dulden. Kannst du das verstehen?«

»Hat sie es Ihnen gesagt? Das mit dem – mit dem anderen Mann.«

»Nein, aber ich fand es bald selbst heraus.«

»Wenn Sie miteinander Probleme hatten«, sagte Eric leise, »warum ließen Sie sich dann nicht scheiden?«

»Das war damals nicht so einfach wie heute. Natürlich hätte ich mich trotzdem scheiden lassen können. Aber ich wollte nicht. Und irgendwie kamen wir trotz allem miteinander aus. Ich wollte sie nicht verlieren, Eric. Ich wollte um sie kämpfen, bis sie aus freien Stücken zu mir zurückkehrte.«

»Haben Sie ihr das gesagt?«

»Ah, das ist die entscheidende Frage. Ich sehe, daß du eine Menge begreifst, Eric. Nein, ich habe es ihr nicht gesagt. Sie hat nie erfahren, daß ich von dem anderen Mann wußte. Hätte ich es ihr gesagt, hätten wir offen miteinander gesprochen, wer weiß, wie die Sache dann weiter verlaufen wäre. Ach Gott, hätte ich es nur getan...« Seine Stimme versagte.

Eric starrte auf den Phlox im Beet. Ein Bienenschwarm umsurrte ihn wie eine Gardine, die sich im Wind bauscht. Und dann sprach Mr. Beck weiter, so fest und sicher wie sonst.

»Eric, ich kann dir nicht beschreiben, was Eifersucht ist, außer daß sie wie ein wildes Feuer brennt und alles verzehrt, das sich ihr in den Weg stellt. Ich ließ es geschehen, bis alles vernichtet war, was meine Frau und mich in guten Tagen miteinander verbunden hatte. Und als selbst die Erinnerung an bessere Zeiten verbrannt war, begann ich meine Frau zu hassen. Tag für Tag sah ich sie im Geist bei dem anderen. Ich haßte sie beide. Ich lebte nur noch meiner Eifersucht, die mir alle Vernunft aus dem Hirn gebrannt hatte, alle Liebe, alles Verstehen. Ich dachte nicht mehr an Sophia. Ich dachte nicht mehr an das junge Mädchen, das meine Frau einmal gewesen war. Und eines Tages stand ich mitten in einem Verkaufsgespräch auf und fuhr auf dem schnellsten Weg nach Hause, voll schrecklicher Vorahnung, was mich erwarten würde. Meine schlimmsten Befüchtungen bewahrheiteten sich. Die beiden waren im Schlafzimmer. Ich konnte sie hören…« Mr. Becks Stimme wurde immer schriller. »In meinem Arbeitszimmer stand ein Gewehr im Schrank. Ich ging es holen. Dann stieß ich die Tür zum Schlafzimmer auf und schoß. Ich schoß beide Läufe leer…«

Eric riß ein Büschel Grashalme aus und zupfte sie mit zitternden Fingern in kleine Stücke.

Der ganze Garten hallte von Vogelstimmen. Es war, als hätte alles, was in den neunundsiebzig Feldern lebte, mit Eric der Beichte des Alten gelauscht und könne nun, am schrecklichen Höhepunkt, nicht länger stillhalten.

Eric rupfte wild an den Gräsern. Die zerzausten Halme wurden dunkel und naß.

»Eric?«

Eric rupfte weiter.

»Was ich getan habe, tut dir weh, nicht wahr?« sagte der Alte leise. »Vielleicht hilft es, wenn ich dir sage, daß ich meine Tat in diesen vierzig Jahren – Tag um Tag in diesen vierzig Jahren – bitter bereut habe. Ich hätte alles darum gegeben, alles, diesen einen Nachmittag ungeschehen machen zu können. Immer wieder sah ich mich in der Erinnerung mit dem Finger am Abzug. Unzählige Male wünschte ich mich zurück zum Gewehrschrank, um die Waffe wieder wegstellen zu können und das Haus zu verlassen. Eric, ich werde bis zum letzten Atemzug für diese Minute büßen.«

Eric riß immer noch wild die Grashalme in Streifen und Stücke.

»Gibt es noch etwas?« fragte Mr. Beck.

Jetzt endlich blickte Eric zu ihm auf und blinzelte gegen die Sonne, vor der sich der Kopf des Alten wie eine Silhouette abhob. »Miß Beck sagt, man habe Sie aus dem Gefängnis entlassen, damit Sie hier sterben können.«

Mr. Beck nickte, ohne zu zögern. »Das stimmt.«

Eric starrte in die Sonne, auf das Gesicht, das er nicht erkennen konnte.

»Möchtest du jetzt wissen, wie lange ich noch zu leben habe?« fragte Mr. Beck leise.

Eric nickte.

»Nun, das läßt sich nicht so einfach voraussehen.« Er kräuselte die Lippen, als müsse er überlegen. »Sagen wir es so: Dies ist wahrscheinlich der letzte Sommer, den wir gemeinsam verbringen.«

Eric riß ein neues Grasbüschel aus. »Das darf nicht sein«, flüsterte er.

»Es hat keinen Sinn, sich dagegen aufzulehnen. Laß uns lieber mit unserer Arbeit im Garten weitermachen.« Der Alte wies zu den vier Pflöcken mit den Schnüren.

»Ich weiß nicht, ob ich jetzt da hineingehen kann«, sagte Eric.

»Das kann ich verstehen«, erwiderte Mr. Beck, und seine Stimme klang ungewöhnlich sanft. »Aber was du heute über mich erfahren hast, wirst du auch morgen noch wissen. Das Feld dort wartet hingegen schon jetzt auf dich. Es wird Zeit, daß du dich hineinsetzt.«

Eric stand langsam auf. Zögernd setzte er sich zwischen die vier Schnüre. Zuerst konnte er nur an Mr. Beck denken. Aber er ließ nicht nach, sich auf das Feld zu konzentrieren, wie der Alte ihm aufgetragen hatte, und schließlich gelang es ihm auch. Als er allerdings das Feld wieder verließ, kamen ihm alle schrecklichen Erkenntnisse des Tages erneut stürmisch zu Bewußtsein. Und doch steckte er das Nachbarfeld aus, nachdem er ein Glas Limonade getrunken hatte. Mr. Beck und er wechselten dabei nur wenige Worte über das Wetter; sie hatten sich stillschweigend darauf geeinigt, daß ihr Gespräch für heute beendet war.

Eric setzte sich in das zweite Feld. Als er damit fertig war, sah er, daß der Alte eingeschlafen war. Üblicherweise ließ Eric Mr. Beck weiterdösen. Heute aber mußte er ihm unbedingt noch etwas sagen. Sanft faßte er ihn an den Schultern. Mr. Beck zuckte zusammen und erwachte. Seine blauen Augen brauchten einige Sekunden, ehe sie Eric erkannten. Auf den dünnen Lippen glänzte ein Speichelfaden.

»Ich wollte Ihnen nur sagen, daß ich jetzt gehe.« Erics Hände lagen noch immer auf den knochigen Schultern. »Und daß ich morgen wiederkommen werde.«

»Gut«, murmelte Mr. Beck mit zufriedenem Lächeln und schlief fast augenblicklich weiter.

Jeder in der Familie machte sich auf seine Weise über den Teller her: Eric und Roddy aßen einfach rasch drauflos; Susan gab sich wählerisch, übertrieben vorsichtig; Vater speiste gleichmäßig und methodisch; Mutter brütete über dem Teller und langte zwischendurch plötzlich energisch zu. Sie sprachen nicht viel, und Eric konnte sich nicht erklären, warum diese seltsame Gespanntheit in der Luft lag. Mutter war ungewöhnlich schweigsam. Sonst riß sie meist das Tischgespräch an sich und berichtete entweder über ihre eigenen Erlebnisse oder fragte alle anderen darüber aus, was sie den Tag über getan hatten. Heute abend hörte man aber kaum mehr als das Klicken der Gabeln und Messer auf den Tellern. Und Eric entging nicht, daß Vater und Mutter ihn immer wieder fragend anschauten, daß Susans lippenstiftroter Mund wie in

Erwartung offenstand und daß Roddy entschieden den Kopf abwandte.

Kein Zweifel: Etwas braute sich über ihm zusammen. Eric wartete, aber nichts geschah.

Nach Tisch ging Eric ins Wohnzimmer, wo Vater bereits vor dem Fernseher saß. Roddy ließ sich nicht blicken. Das war sehr verdächtig, denn er ließ sonst keine Gelegenheit aus, in die Röhre zu gucken. Schließlich kam Mutter nach und setzte sich. Auch das war äußerst ungewöhnlich, denn sie pflegte sich nach dem Abendessen in ihr Zimmer zurückzuziehen und ihre diversen Sitzungsprotokolle zu verfassen. Da saß er also auf dem Sofa, eingeklemmt zwischen seine Eltern, und sah sich im Fernsehen eine öde Komödie an, die davon lebte, daß die Schauspieler aneinander vorbeiredeten und nach jedem Scherz von Gelächter unterbrochen wurden, das offenbar von einem Tonband stammte.

Und dann kam es.

Ohne Vorwarnung sagte Mutter: »Du warst wieder bei ihm, Eric.«

Er wandte ihr das Gesicht zu. Auf ihrer Stirn tanzten gespenstisch die Reflexe vom Bildschirm. »Bei wem?«

»Die Leute sind nicht so dumm, wie du glaubst«, sagte sie scharf.

Von der anderen Seite sekundierte Vater: »Deine Mutter meint den alten Mann.«

»Den Mörder!« ergänzte Mutter.

»So darfst du ihn nicht bezeichnen«, sagte Eric.

»Oh, ich bezeichne ihn genau als das, was er ist«, erwiderte Mutter. Sie sprang auf und verstellte ihm den Blick auf den Fernseher. Wie ein Schattenriß vor zappelnden Farbbildern stand sie vor der Mattscheibe. »Weißt du, daß du mit einem Mann verkehrst, der wegen eines Mordes eingesperrt war, Eric?«

Vater stand auf und knipste das Licht an. Es blendete in den Augen.

Eric war verstimmt. Er fühlte sich überrumpelt. Warum hatten sie nicht schon beim Essen ausgepackt?

»Ich habe es erst heute erfahren«, sagte Mutter. Sie ging unruhig im Zimmer auf und ab und massierte ihre Fingerknöchel. »Er war nicht nur eingesperrt, sondern auch ein Mörder.« Sie blieb vor Eric stehen. »Hast du das gewußt?«

Eric preßte die Zähne zusammen.

»Deinem Gesichtsausdruck kann ich entnehmen, daß du es gewußt hast. Heraus mit der Sprache!« Als Eric nicht reagierte, wandte sie sich an Vater. »Ralph, sprich du mit ihm.«

»Eric!« sagte Vater.

Er setzte sich wieder zu ihm auf das Sofa. Eric blickte ihn widerstrebend an.

»Es geht nicht darum, ob du weißt, was dieser Mr. Beck ausgefressen hat. Es geht darum, daß du aufhörst, ihn zu treffen.«

»Es ist doch bloß ein alter Mann«, warf Eric ein.

»Die Leute sehen das anders. Wer einen Mord begeht, ist für immer von der Gemeinschaft ausgeschlossen. Für immer. So ist es nun einmal, Eric, und du kannst es nicht ändern.«

»Ich will gar nichts ändern.«

»Es geht darum«, beharrte Vater, »daß du versprichst, ihn nicht mehr zu treffen.«

»Nein«, sagte Eric.

Er sah, wie seine Eltern besorgte und erschrockene Blicke wechselten. Als er die Fensterscheiben der Schule eingeworfen hatte, waren sie nicht so erregt gewesen.

Mutter setzte sich an seine Seite und faßte ihn impulsiv an den Händen. »Siehst du denn nicht, daß du im Unrecht bist?« beschwor sie ihn. »Du vertrödelst deine Zeit mit einem Menschen, von dem bald die ganze Stadt wissen wird, daß er ein Mörder ist.«

»War«, korrigierte Eric. »Er war einmal ein Mörder. Jetzt ist er keiner mehr.«

»Keine Wortklaubereien, wenn ich bitten darf!«

»Er hat für seine Tat bezahlt. Man hat ihn begnadigt.«

»Das stimmt«, räumte Mutter ein. »Weil er nämlich bald sterben wird.«

Auch das wußten sie! Wußten sie alles? Eric erschrak. Wußten sie auch, daß Mr. Beck die eigene Frau umgebracht hatte?

Vater griff Erics Einwand auf. »Wer oder was Mr. Beck heute ist«, warf er ein, »hat so gut wie nichts mit dir zu tun. Wir machen uns Sorgen um dich. Um deine Bewährungsfrist. Ich glaube nicht, daß die Polizei dich mit Glacéhandschuhen anfassen wird, wenn bekannt wird, daß du gegen die Auflagen verstoßen hast und mit einem solchen Menschen verkehrst.«

Mit Vater zur Rechten, Mutter zur Linken und dem Gezappel und Gequäke aus dem Fernseher konnte Eric keinen klaren Gedanken fassen. So sagte er bloß: »Mr. Beck ist mein Freund.«

»Was soll das heißen?« rief Mutter aufgebracht.

»Ich darf ihn nicht im Stich lassen.«

Vater stand auf und schaltete den Fernseher ab. Die plötzliche Stille erfüllte den Raum wie eine frische Brise. Keiner sprach – bis Vater schließlich sagte: »Wenn du darauf bestehst, werden wir uns gezwungen sehen, dir alle Vergünstigungen zu streichen.«

»Das ganze Taschengeld«, ergänzte Mutter.

Eric starrte auf seine Hände. Wasser und Seife genügten nicht, um den Schmutz aus den kleinen Falten und Rissen zu entfernen. Er war stolz auf seine Hände, denn sie verbanden ihn mit dem Garten.

»Hörst du überhaupt zu?« rief Mutter.

Eric erschrak, als er in ihrem Gesicht so viel Angst und Zorn sah. »Tut mir leid«, sagte er.

»Versprichst du also, diesen Menschen nicht mehr zu treffen?« fragte sie erleichtert.

»Nein.«

»Das kann doch nicht wahr sein, Ralph!« klagte sie, sprang auf und begann wieder im Zimmer auf und ab zu gehen.

»Du riskierst eine ganze Menge, Eric!« sagte Vater warnend. »Wir können dir Hausarrest geben.«

»Dann hau ich ab«, murmelte Eric, ohne seine Eltern anzusehen.

»Es ist nicht zu glauben!« stöhnte Mutter.

Sie tat ihm leid. Sie war sonst immer so forsch und optimistisch. Sogar als man ihn unter Bewährung stellte, hatte sie zu ihm gehalten und eines Abends beim Essen erklärt, daß auch darin vielleicht etwas Gutes liege: Sie könnten alle aus dieser Erfahrung lernen. Daß er sie jetzt so besorgt und verwundbar sehen mußte, tat ihm weh. Aber er würde nicht nachgeben.

»Ich möchte euch doch keine Schwierigkeiten machen«, sagte er. »Aber Mr. Beck ist mein Freund. Ich darf ihn jetzt nicht verlassen.«

Mutter blieb abrupt stehen. »Kannst du mir auch nur einen stichhaltigen Grund sagen, warum du ihn weiterhin besuchen mußt?«

Eric hielt ihrem Blick stand. »Er muß bald sterben. Ich bin sein einziger Freund. Wie könnte ich ihn da verlassen?«

Wieder tauschten seine Eltern Blicke. Aber diesmal entdeckte er etwas Neues in ihren Gesichtern: Staunen, Unsicherheit – verständnisvolles Überlegen.

»Wenn man es so sieht«, sagte Vater nach einigem Zögern und erneutem Blickwechsel mit Mutter, »dann sollten wir – vielleicht – die Sache auf sich beruhen lassen.«

»Fürs erste«, schränkte Mutter ein. »Aber du mußt äußerst vorsichtig sein, Eric.«

»Wieso?«

»Du darfst deinen anderen Freunden nichts davon verraten.«

Vater sagte: »Deine Mutter meint, diese Freundschaft

könnte dir schaden, wenn die Leute jemals etwas über Mr. Becks Vergangenheit herausfinden sollten.«

»Und es wird sich früher oder später überall herumsprechen«, ergänzte Mutter besorgt.

»Aber bis dahin darfst du ihn besuchen«, sagte Vater und seufzte.

»Ich danke euch. Beiden«, flüsterte Eric mit erstickter Stimme und rannte aus dem Zimmer.

Als er nach oben kam, blickte ihn Roddy über die Schulter schuldbewußt an.

Eric zog sich aus, kletterte ins Bett und nahm sein Buch über die Schlangen mit.

Roddy hatte sein Bettlämpchen bereits ausgeknipst. Er hatte die Decke bis ans Kinn gezogen und lag mit dem Gesicht zur Wand.

»Warum hast du das getan?« fragte Eric.

Keine Antwort.

»Ich weiß, daß *du* es ihnen verraten hast. Aber warum?«

»Mutter hat versprochen, nicht zu sagen, von wem sie es weiß«, brummelte Roddy.

»Das hat sie auch nicht getan. Es war trotzdem nicht schwer zu erraten, von wem sie es hatte. Wann bist du mir nachgeschlichen?« Eric wartete geduldig, dann sagte er: »Komm schon, gib es zu. Ich bin bloß neugierig. Ich werde dich nicht auffressen.«

Roddy murmelte Unverständliches.

»Was hast du gesagt?«

»Vor ein paar Tagen.«

»Und was hast du gesehen?«

»Dich und den alten Mann«, begann Roddy zaghaft und wartete Erics Reaktion ab. Erst dann sprach er weiter: Er hatte gesehen, wie Eric zwischen vier Schnüren im Gras saß und dann mit dem Alten, der immer nur im Stuhl hockte, etwas getrunken hatte.

»Und das hast du Mutter erzählt?«

»Nein. Nur daß ich euch beide gesehen habe.«

Gut, dachte Eric. Er war froh, daß Roddy nichts von den Feldern gesagt hatte, denn es wäre ihm schwergefallen, den Eltern alles zu erklären. Es hätte auf sie bestimmt einen schlechten Eindruck gemacht. Wahrscheinlich hätten sie das Ganze verrückt gefunden und ihm erst recht verboten, Mr. Beck zu besuchen.

»Was glaubst denn du, was ich dort gemacht habe?« versuchte Eric ihn auszuhorchen.

»Woher soll ich das wissen?« erwiderte Roddy, immer noch mit dem Gesicht zu Wand. »Wahrscheinlich war es eine Art Spiel.« Roddy wälzte sich herum und funkelte Eric triumphierend an. »Jedenfalls darfst du jetzt nicht mehr hingehen!«

»Warum hast du mich verpetzt? Mehr will ich gar nicht wissen.«

Roddy stützte sich auf einen Ellenbogen. »Du sagst mir überhaupt nichts mehr.«

»Was sollte ich dir denn sagen?«

»Keine Ahnung. Irgendwas. Du ...« Roddy überlegte, wie er seine Unzufriedenheit erklären sollte. »Du benimmst dich, als wäre ich nicht vorhanden.«

»Das tut mir leid. Es ist nicht so gemeint.«

Daß Eric sich entschuldigte, ermutigte Roddy, weiter sein Herz auszuschütten. »Früher hast du immer mit mir gespielt. Jetzt überhaupt nicht mehr. Du redest nicht einmal mit mir. Du ziehst dich nur an und gehst fort, oder du ziehst dich aus und schmökerst in deinen Büchern.«

»Okay, ich weiß, was du meinst. Ich werde versuchen, es gutzumachen, Roddy.«

»Ja?« Roddy hatte sich wieder zur Wand gedreht.

»Ich habe nicht vergessen, daß du da bist«, sagte Eric. »Ich habe bloß so viele andere Dinge im Kopf.«

Roddy spähte zu ihm herüber, nickte verständnisvoll und lächelte. »Okay«, sagte er.

Später – im Zimmer war es finster, und sein Bruder

Wesen aus einem Alptraum. Die Bilder beunruhigten Eric. Vor dem letzten Bild blieb er besonders lang knien und tat so, als betrachte er es eingehend. In Wahrheit wollte er nur den Zeitpunkt hinauszögern, zu dem er seinen Kommentar zu den Bildern abgeben mußte. Was sollte er darüber sagen?

»Nun?« fragte Mr. Beck ungeduldig, als sich Eric endlich aufrichtete.

»Ich verstehe nicht viel von Kunst«, sagte Eric und hoffte, der Alte werde sich mit dieser unbestimmten Antwort begnügen.

Aber Mr. Beck ließ nicht locker. »Nun?«

Eric suchte verzweifelt nach einer ehrlichen Antwort. »Die Bilder sind irgendwie – komisch«, sagte er lahm.

»Komisch?«

»Sie beunruhigen mich.«

»Sehr gut«, sagte Mr. Beck und lehnte sich zurück. »Mich beunruhigen sie auch.«

Erleichtert, daß der Alte seinen Eindruck bestätigt hatte, schob Eric die Hände in die Hosentaschen und blickte in den Garten.

»Willst du anfangen?« fragte Mr. Beck.

Eric schüttelte den Kopf. »Ich könnte mich nicht konzentrieren.«

»Warum nicht?«

Eric blinzelte prüfend nach oben. Durchsichtige weiße Wolkenfetzen strichen wie wehende Pferdeschwänze über den Himmel. »Der Luftdruck ändert sich«, stellte er fest.

»Ja?« Mr. Beck kratzte sich am Kahlschädel. »Was hat der Luftdruck mit deiner Konzentration zu tun?«

»Wenn er sinkt, ist es schwerer, sich zu konzentrieren«, sagte Eric. Er konnte das auch begründen: Bei Druckabfall wurde weniger Sauerstoff in die Lungen gepreßt; dieser Sauerstoffmangel wiederum bewirkte, daß manche Leute reizbar wurden, sich unwohl fühlten und Konzentrationsschwierigkeiten hatten.

»Du redest wie ein Professor«, knurrte Mr. Beck. Dann lächelte er und sagte: »Ich hoffe, du faßt das nicht als Beleidigung auf!«

Eric achtete nicht auf den Scherz. Im Nachbargarten strichen vier Schwalben dicht über den Sträuchern dahin. »Sehen Sie, wie tief sie fliegen?« sagte Eric. »Das kommt davon, daß sich bei niedrigem Luftdruck auch die Fliegen knapper an den Boden halten.« Wieder schaute er zum Himmel, wo im Nordwesten spinnwebendünne Wolkenfäden aufzogen. »Es wird bald regnen«, sagte er.

Mr. Beck folgte seinem Blick. »Ich sehe keine Regenwolken. Bist du sicher?«

»Ja«, sagte Eric. »Ganz sicher.«

Mr. Beck sah genauer hin. Der Himmel war blau; nur über die Dachkante glitten weiße Streifen hin. »Gut«, wandte er sich schließlich wieder Eric zu. »Ich will es dir glauben. Dann solltest du aber jetzt die Bilder ins Haus zurücktragen.«

Eric faßte sie sehr behutsam an, obwohl sie ihm nicht gefielen. Als sie die Bilder verstaut hatten, standen über dem Dach bereits hohe Wolkenberge. Mr. Beck betrachtete sie von seinem Stuhl aus. »Nicht zu glauben!« sagte er überrascht. »Du hast wirklich recht gehabt.«

»Es wird nicht mehr lange dauern.«

»Dann schaff auch mich ins Haus!« Diese Bitte um Hilfe kam unerwartet. Bisher hatte Mr. Beck ihn bestenfalls aufgefordert, ihm den Stock zu reichen, und war allein ins Haus gehumpelt. Meist gelang ihm das auch, und wenn Eric doch ein wenig nachhelfen mußte, ließ der Alte es nur widerwillig und grollend geschehen. Noch nie hatte Mr. Beck geradeheraus zugegeben, daß er Unterstützung brauchte. Behutsam, aber auch voll Mitleid half ihm Eric nun auf die Beine und bemühte sich redlich, ihm festen Halt zu geben. Mr. Beck ließ zu, daß Eric ihm den Arm um die hagere Hüfte legte und den Großteil der Anstrengung auf sich nahm. Eric begriff jetzt, daß Mr. Beck immer versucht hatte, stärker zu scheinen, als er in Wirklichkeit war. Erst seit ihrer letzten Aussprache konnte er ohne Vorbehalte Hilfe annehmen. So betrachtet, dachte Eric, war es gut, daß sie offen über den Tod gesprochen hatten – um so mehr, als er nicht wirklich glauben wollte, daß dies ihr letzter gemeinsamer Sommer sein sollte.

Als Eric den alten Mann langsam zum Haus brachte, ballte sich über ihnen bereits eine dunkle Gewitterwolke zusammen. An der Schwelle hielt Mr. Beck an, blickte nach oben und lächelte.

Im Wohnzimmer gab Mr. Beck Erics Arm frei und sank mühsam auf das Sofa. Eric nahm ihm gegenüber Platz. Der Raum war düster und mit schweren Möbelstücken vollgestopft. Miß Beck hatte ihrem Haus nicht die helle, heitere Atmosphäre des Souvenirladens gegeben. Hier war alles dunkel und überladen, als stamme die Einrichtung noch aus dem letzten Jahrhundert. Die Tochter mochte in dieses Haus passen, überlegte Eric, der Vater aber nicht. So alt und runzelig er auch wirkte, wie er hier in der braunen Polsterung des Sofas beinahe versank, gehörte er doch eher in einen freien, offenen Raum mit hohen Fenstern, die ungehindert die Sonne einließen, und mit langen weißen Gardinen, die sich in der sanften Brise bauschten, die vom Meer hereinwehte; dem Meer, das Mr. Beck als junger Abenteurer durchmessen hatte.

Plötzlich wurde es dunkel im Zimmer. Durch das Fenster konnte Eric sehen, wie sich auf der Straße die Baumwipfel immer tiefer neigten. »Gleich geht es los«, sagte er, stolz, daß er den Regen vorausgesagt hatte.

»Sieht ganz danach aus«, stimmte Mr. Beck ihm zu.

»Ich möchte dabei sein.«

»Dabei sein?«

»Ich möchte im Garten sein, wenn der Regen kommt.«

Mr. Beck lachte und sagte: »Dann geh!«

Eric rannte aus dem Haus in den Garten. Im Nußbaum tschilpten einige Vögel auf der Suche nach einem geschützten Platz. Jetzt endlich verstand Eric, warum sich am Morgen so viele Vögel im Hohlweg versammelt hatten. Noch ehe sich die erste Wolke am Himmel zeigte, hatten sie den aufziehenden Sturm bereits geahnt.

Eric blieb nach wenigen Schritten stehen. Die Vögel im Ahorn und in der Roteiche zwitscherten aufgeregt. Ihr Ruf klang ungewöhnlich laut und klar; die geschlossene Wolkendecke reflektierte den Schall.

Und dann verstummten die Vögel.

Ganz still wurde es plötzlich; nur ein Windstoß ließ die Luft erbeben. Alles Leben war erstarrt.

Eric betrachtete den schlanken und doch kräftigen Stamm der Eiche und beschloß, das Unwetter von dort zu verfolgen. Es kostete ihn Mühe, sich auf den untersten Ast zu schwingen; aber dann kletterte er unbeschwert weiter nach oben, bis er sich auf halber Höhe des Baumes in eine Gabelung setzte, wo er mit einer Hand an einem überhängenden Ast Halt fand und mit der anderen den Stamm umfassen konnte. Hier, dicht am Baum geschmiegt, fühlte er sich so sicher und geborgen wie die Vögel. Er war sicher, daß der Sturm kurz, aber heftig sein würde. Das hatte er in den Knochen gespürt, sobald die ersten Zirruswolken aufgetaucht waren.

Die ersten Regentropfen fielen. Eric wußte plötzlich, daß es in diesem Garten und am Himmel darüber nichts gab, das er nicht kannte. Er wußte auch, daß es gefährlich war, während eines Gewitters in einem Baum zu sitzen, aber er wollte auf das Erlebnis keinesfalls verzichten.

Auf einem nahen Zweig hockten, aufgeplustert und bewegungslos, einige Sperlinge. Sie protestierten leise, als der Regen auf ihre zerzausten Federn prasselte. Eric fühlte sich ihnen verwandt. Er atmete tief ein und spürte, wie sich auch sein Brustkorb weitete; er preßte die Arme an den Körper, als wären sie Flügel. Der Regen rann ihm über das Gesicht und ins Federkleid.

Der erste Blitz, ein fernes Donnergrollen.

Es regnete jetzt heftiger. Die schweren Tropfen klatschten hart gegen die grünen Blätter der Eiche. Wie zerknitterte Alufolie glänzte dann kurz die helle Unterseite auf.

Wieder ein Blitz, und wenig später der Donner.

Eric wartete auf den nächsten Blitz, unbeirrt vom Regen, der nun steil durch das Blätterdach fiel und ihm kalt und wild ins Gesicht peitschte. Als es aufblitzte, begann Eric zu zählen: eine, zwei, drei Sekunden, ehe der Donner folgte. Eric wußte, daß sich der Schall in der freien Luft mit dreihundertdreißig Meter pro Sekunde fortpflanzt. In knapp einem Kilometer Entfernung hatte der Blitz eingeschlagen. So konnte er den Weg des Gewitters verfolgen. Der Blitz war etwas Konkretes – wie die Schwarznatter im Garten, die sich zum Hohlweg geschlängelt hatte, um sich dort an den Feldmäusen zu mästen. Wie eine Spinne, die über dem Netz zappelt, um eine gefangene Fliege zu packen. Wie eine Gottesanbeterin. Wie ein Rotkehlchen, das einen Wurm aus dem Gras pickt.

Der Sturm näherte sich mit unwiderstehlicher Gewalt. Er zerzauste den Liguster, drückte die Grashalme flach, preßte die geschmeidigen Blumenstiele an den Boden. Der Baum schwankte wie ein Tier unter schwerer Last. Er hatte ein Herz; tief in seinen Wurzeln schlug sein Puls jetzt heftiger. Er schüttelte Eric in seiner Faust, und Eric ließ sich von den heftigen Schwingungen tragen, als ritte er auf einem wilden Mustang. Er riß den Mund auf und brüllte aus Leibeskräften in den Sturm, mitten hinein in den Luftschwall, der ihm entgegenschlug. Eric konnte in dem Tosen seine Stimme kaum hören, aber er schrie weiter, bis ihn die Kehle schmerzte.

Ein Blitz; ein Donnerschlag.

Eine Sekunde. Knapp dreihundert Meter hinter dem Haus lag die Einschlagstelle.

Jetzt war alles um Eric in heftigster Bewegung. Blätter und Zweige wirbelten. Aber Eric klammerte sich noch fester an den Stamm und brüllte begeistert in den Sturm.

Der nächste Blitz blendete ihn; der Donner platzte ihm in die Ohren wie ein Kanonenschlag, und für einen Augenblick fürchtete Eric, vom Blitz getroffen worden zu sein. Sein Kopf dröhnte vom Druck des Schalls, seine Hände zitterten, und aus allen offenen Schleusen traf ihn gnadenlos der Regen.

Wieder blitzte und donnerte es, aber diesmal bereits hinter dem Garten; schon zog das Wetter über den Hohlweg hin und auf die Nachbargärten zu. Eric starrte sich die Augen aus dem Kopf, um zu erspähen, was doch nicht zu sehen war: die geballte Muskelkraft des Windes, mit der er gegen Strauchwerk und Äste schlug.

Obwohl der Sturm etwas nachgelassen hatte, hingen noch immer Regenwände über dem Garten. Eric wischte sich die Tropfen aus den Augen und blinzelte durch das dicke, graue Licht hinunter auf den Rasen.

Ein neuer Windstoß ließ die Eiche von den Wurzeln bis zum Wipfel erzittern. Eric faßte einen kühnen Gedanken: Wenn der Baum überlebte, würde auch er überleben; wenn der Baum fiel, würde auch er fallen. Gemeinsam würden sie siegen oder sterben! Wieder brüllte er trotzig in den brodelnden Wind und sah zu, wie die Blätter und Zweige sich im Regen wanden und wehrten. Die unbeschreibliche Gewalt des Sturmes begeisterte ihn so sehr, daß er enttäuscht war, als das Tosen schließlich nachließ, statt ewig fortzudauern.

Mit angehaltenem Atem sah er dann zu, wie die letzten dicken Gewitterwolken dem Sturm nacheilten und hinter sich unbeschreiblich zarte Dunstschleier nachzogen, als breite man am Himmel frisch gebleichte weiße Laken aus.

Das Licht begann sich zu verändern, die Grautöne wechselten so schnell, daß Erics Augen kaum mehr folgen konnten. Für Augenblicke schien es ihm, als liefe die Zeit plötzlich schneller, als drehe sich die Erde plötzlich rascher im Kreis.

Auf einmal schimmerte – für wenige, kostbare Sekunden – ein Regenbogen über dem Rasen und erinnerte Eric an einen Satz, den er irgendwo gelesen hatte: »Der Regenbogen ist eine Vision aus dem Traum eines Schmetterlings.« So war es. Ja, ganz so war es!

Und dann fiel unvermittelt wieder die heiße Sonne auf das Gras und richtete die Halme auf. Eric sah, wie alles Leben wieder erwachte: Auf den Blättern perlten vereinzelte Tropfen; die Rinde des Stammes glänzte im neuen Licht; die Äste drehten sich langsam wieder in ihre ursprüngliche Stellung.

Er rutschte vom Baum, spürte seine Schuhsohlen über den nassen Stamm gleiten und schlenderte in die Mitte des Rasens. Schon kräuselten wabernde Dunstschleier vom Boden auf und himmelwärts, um dort neue Wolken zu bilden und Unwetter zu bringen. Alles glänzte. Eric ließ sich ins Gras fallen und atmete tief den Geruch der frischen Erde ein. Vor seinen Augen formte sich ein Wassertropfen auf einem Grashalm. Eric konzentrierte sich auf dieses Detail, bis Halm und Tropfen ins Riesenhafte wuchsen: ein Planet löste sich vom Rand des Universums; elementare Urgewalt in den Tiefen des Raums...

Und dann fiel der Wassertropfen zu Boden, wurde flachgedrückt und zerplatzte auf einem winzigen Erdkrümel.

Eric drehte sich auf den Rücken und schaute in den Himmel. Noch nie hatte ihm der Garten so viel bedeutet. Noch nie hatte er sich ihm näher gefühlt.

Und dann sah er es.

Eric richtete sich ruckartig auf und starrte überrascht

zum Nußbaum. In halber Höhe war einer der starken Äste vom Stamm abgespalten, als hätte ihn eine mächtige Axt getroffen. Die Zweige hingen durch, nur noch von den anderen Ästen getragen. Die rauhe Wunde am Stamm des Nußbaumes erinnerte Eric an die häßliche Lücke, die ein gezogener Zahn hinterläßt. Jetzt erst wurde ihm bewußt, was geschehen war: das blendende Licht, der gewaltige Donnerschlag – keine fünf Meter von ihm entfernt hatte der Blitz eingeschlagen; er hätte ebensogut die Eiche treffen können – und ihn.

Er genoß die Nachwirkung des Unwetters noch mehr. Es war eine harte Konfrontation gewesen, nicht bloß ein Spiel. Er hätte in diesem Gewitter den Tod finden können. Nie wieder würde er sein Glück aufs Spiel setzen und sich in einem Baum dem Sturm entgegenstellen; aber diesmal hatte er es gewagt und war unbehelligt davongekommen. Die Eiche, der Nußbaum, der ganze Garten hatten sich mit ihm verbündet und ihn vor Schaden bewahrt. Eric blickte sich langsam und staunend um. Er glaubte nicht an Wunder, und doch gab es sie, umgaben sie ihn. Der Garten war heilig.

Eric streckte sich mit einem glücklichen Seufzer aus, breitete die Arme ins nasse Gras und genoß das Gefühl, die heiße, dörrende Sonne auf seinem Gesicht und das feuchte, kühle Gras unter seinem Rücken zu spüren. Im Geist pendelte er zwischen einer heißen, trockenen und einer kühlen, nassen Welt, und es gelang ihm mühelos, mit allen Sinnen von der einen zur anderen zu wandern.

Er mußte tief geschlafen haben, denn Mr. Becks Rufe erreichten ihn nur allmählich; wie aus weiter Ferne hörte er sie, wieder und wieder. Eric öffnete die Augen und sah in einen makellosen, leergefegten blauen Himmel.

»Eric? Eric?« Die Stimme des Alten verriet ernste Sorge. »Ist alles in Ordnung, Eric?«

Er richtete sich auf die Ellenbogen und sah über die Schulter, wie der alte Mann mühsam versuchte, mit einer

Hand die Tür aufzustoßen und mit der anderen den Krückstock in den Türspalt zu schieben.

Eric rannte zum Haus, um Mr. Beck zu helfen.

»Ich sah dich durchs Küchenfenster«, keuchte Mr. Beck. »Im Gras liegen. Ich dachte schon – der höllische Krach...«

»Dort drüben hat der Blitz eingeschlagen.« Eric zeigte zum Nußbaum und faßte den Alten am Arm.

»Hab ich mir's doch gedacht. Es hätte dir etwas zustoßen können.«

»Ach, nie im Leben. Ich war in Sicherheit«, log Eric. Er fühlte sich plötzlich schuldbewußt, weil er während des Gewitters den Alten ganz vergessen hatte. Nicht einen Augenblick hatte er dort droben im Baum an Mr. Beck gedacht, der allein und hilflos im finsteren Zimmer zurückgeblieben war. Während Blitz und Donner über das Dach hinwegfegten, hatte sich der Alte in einen Winkel des Sofas gedrückt und sich um Eric Sorgen gemacht. Aber eine Erklärung oder Entschuldigung würde er wohl mit einem Lachen abtun und sagen: »Wenn du dich auf das Unwetter konzentriert hast, blieb dir gar keine Zeit für andere Gedanken. Und du hast doch nur auf das Gewitter geachtet, oder? Na, also!«

Als hätte er Erics Gedanken gelesen, fragte Mr. Beck: »Nun, wie ist es dir ergangen?«

Eric half ihm, im Gartenstuhl Platz zu nehmen.

»Ich werde es nie vergessen«, sagte er. Und dann: »Aber Sie habe ich vergessen.«

»Mich? Vergessen? Was soll das heißen?«

Eric zuckte mit den Schultern.

»Wie ist das? Wolltest du mich – mitnehmen?« Mr. Becks Stimme klang fest, kalt, vorwurfsvoll. »Weißt du denn nicht, daß das unmöglich ist? Wenn du etwas siehst, dann siehst *du* es. Du kannst andere nicht mitnehmen, Eric. So wie ich dich nicht in meine Bilder mitnehmen kann, die dir nicht gefallen.«

Eric wollte protestieren, aber Mr. Beck hob abwehrend die Hand und brachte ihn zum Schweigen. »Du magst meine Bilder nicht«, stellte er fest. »Warum solltest du sie auch mögen? Sie sind das Ergebnis *meiner* Betrachtungen. Ich habe viel Zeit dafür aufgewendet, das Gefängnis zu sehen. Also gehört das Ergebnis mir – so, wie dieser Garten *dir* gehört. Ich habe dir nur einen Weg gezeigt und eine Gelegenheit geboten, mehr nicht. Versuche nicht, mich mitzunehmen. Was du siehst, gehört dir.« Er kniff die Augen zu. »Wenn du dich noch in ein Feld setzen willst, dann tu es. Ich habe zwei dieser verdammten Pillen geschluckt und muß jetzt schlafen.«

Und wirklich setzte sich Eric an jenem Nachmittag in ein neues Feld, zwischen Zinnien und Dotterblumen, und die Zeit verstrich, bis aus einer Stunde beinahe zwei geworden waren.

So vergingen die Tage, Feld um Feld. Der Sommer war erfüllt von Hitze und dem Duft nach frischem Grün, von Fliegen und Bienen, von Heuschrecken und Schmetterlingen. Der Garten summte. Eric saß zwischen vier eingepflockten Schnüren. Mr. Beck döste. Und die Felder luden zum Verweilen ein, taten sich auf und blieben eins nach dem anderen zurück.

Die Stadt

Er mußte sich unbedingt wieder in Larrys Restaurant blicken lassen. Das war schon seit einer Woche fällig, doch hatte Eric damit gezögert, bis die Lage ernst wurde. Wenn ihm nun aber selbst Roddy bis zum Garten nachspionierte, konnte das ebensogut der Bande in den Sinn kommen. Je länger er sich nicht blicken ließ, um so mehr Verdacht mußte er erregen.

Überdies wollte er die Bande ja treffen. Sie waren seine Freunde, auch wenn ihm in ihrer Gegenwart gelegentlich unbehaglich zumute war. Das änderte nichts daran, daß sie zu ihm hielten, daß sie wie er die Schule verachteten und sich nicht von ihr vereinnahmen ließen. Was sie miteinander verband, war, daß sie nichts mit Musterkindern wie Silky zu tun haben wollten, der sich streng an die Spielregeln der Erwachsenen hielt.

Um so enttäuschter war Eric, als er eines Nachmittags zu Larry kam und die Bande dort nicht antraf.

Nur Bones, eine Baseball-Mütze auf dem schwarzen Haarschopf, hockte im hintersten Winkel.

Ohne ihm mehr als einen flüchtigen Blick zu widmen, setzte sich Eric zu ihm. Es war kein Vergnügen, Bones mit seinem Pickelgesicht und den abstehenden Ohren aus der Nähe zu betrachten.

»Wo bist du denn gewesen?« fragte Bones in dem vorwurfsvollen Tonfall, den er von Horse übernommen hatte; Horse machte immer anderen Leuten Vorwürfe.

Eric hatte die Frage erwartet und behauptete, zu Hause eine Menge Arbeit gehabt zu haben.

Bones nickte keineswegs überzeugt. Es war Eric klar, daß sich die Bande über sein Ausbleiben Gedanken gemacht hatte. Wahrscheinlich waren sie hie und da ums Haus geradelt, um herauszufinden, ob Eric tatsächlich dort festgenagelt war. Aber Eric konnt die Ausrede jetzt nicht mehr zurücknehmen.

»Wie geht es dir mit der Bewährung?« fragte Bones, nachdem er noch ein Coca-Cola bestellt hatte.

»Ich kann nicht klagen.«

»Nächste Woche fällt der Termin aus. Inspektor Nolan macht Urlaub – aber das wird er dir ja auch schon gesagt haben. Er fragt mich jedesmal, ob wir beide uns noch treffen.«

»Von mir will er das auch immer wissen.«

»Letztes Mal«, fuhr Bones fort, »hat er wieder gefragt, ob ich dich gesehen hätte; und natürlich hab ich nein gesagt; und daraufhin sagt er: ›Hängst du auch bei dem alten Knacker herum, dem Killer, den sie erst vor kurzem aus dem Gefängnis entlassen haben?‹ – ›Welchen Killer?‹ frage ich darauf, aber er will mit der Sache nicht so recht herausrücken und sagt bloß: ›Was du nicht weißt, macht dich nicht heiß.‹« Bones strich sich mit der Hand durch das Fetthaar. Eric blickte ihn von der Seite an, ausgerechnet, als Bones etwas besonders Unappetitliches machte: Er stopfte sich eine Fingerspitze ins Ohr und begann sie wie einen Korkenzieher zu drehen. Eric wandte rasch den Blick ab; er wollte nicht unbedingt sehen, was Bones zutage beförderte.

»Ein Bulle muß offenbar von Haus aus blöd sein«, erzählte Bones ungeniert weiter. »Wozu fragt er mich stundenlang über einen Killer aus und will mir dann nicht einmal seinen Namen verraten?«

Nolan erkundigte sich also danach, was die anderen über Mr. Beck wußten. Das hieß, daß er die Sache noch längst nicht vergessen hatte.

»Aber ich hab es herausgekriegt.«

»Was?«

»Wen der Inspektor damit gemeint hat. Es ist ein alter Opa in der Norris Street.«

»Wieso?« fragte Eric möglichst uninteressiert.

»Ach, das hat sich doch längst herumgesprochen. Ist doch blöd von Nolan. Er möchte von mir wissen, ob ich den Kerl kenne, will mir aber nicht sagen, von wem er spricht. Kapierst du das? Als ob man einen Killer heimlich herumlaufen lassen könnte. Ausgerechnet bei uns! Wann hat es bei uns jemals einen Mörder gegeben?«

Eric sagte: »Vor zwei Jahren. Da hat Mr. Philips den Mann erschossen, der in seinem Laden einbrechen wollte.«

»Das war kein Mord«, widersprach Bones, »das war glatte Notwehr.«

Eric mußte zugeben, daß Bones recht hatte: Mr. Becks Anwesenheit ließ sich auf die Dauer nicht verheimlichen. Um die Lage zu sondieren, fragte er vorsichtig: »Wen hat der Alte denn umgelegt?«

»Keine Ahnung«, sagte Bones. »Ich weiß nur, daß er bei seiner Tochter wohnt. Das hat meine Mutter am Telefon gesagt. Seine Tochter hat diesen Souvenirladen in der...« Bones kratzte sich am Kopf und schob sich die Mütze tiefer auf die Pickelstirn. »Ich hab die Straße vergessen. Jedenfalls hat sie dort diesen Kramladen.«

»Ich muß wieder an meine Arbeit«, sagte Eric und bezahlte sein Cola. »Sag den anderen, daß ich dagewesen bin.«

»Und wann wirst du uns wieder mit deiner Anwesenheit beglücken?« Das war einer von Zaps Lieblingssprüchen, den Bones offenbar aufgeschnappt hatte.

»Morgen«, erwiderte Eric rasch.

Und er hielt sich daran. Anderntags ließ er sich in Larrys Restaurant blicken und ging mit der Bande kegeln. Sie nahmen ihn wieder in ihrer Mitte auf, aber etwas hatte sich geändert. Sie behandelten ihn mit einer gewissen Zurückhaltung, als müsse er sich erneut bewähren. Das fiel ihm schwer, denn er mußte immer wieder an Mr. Beck denken. Noch nie hatte sich Eric so hilflos gefühlt wie jetzt, wo er wußte, er konnte nichts dagegen unternehmen, daß sich das Gerücht wie ein Lauffeuer in der ganzen Stadt verbreitete. Binnen einer Woche würde ausnahmslos jeder in Forest Park wissen, daß in der Norris Street ein Mörder wohnte, den man erst vor kurzem begnadigt hatte.

Und wirklich hörte er in den folgenden Tagen bei Larry, auf der Kegelbahn, im Schwimmbad und selbst in der eigenen Nachbarschaft die Leute immer häufiger über die Becks reden. Sogar in der Bande sprach man von ihnen, wenn auch mit einem gewissen widerwilligen Respekt, als wären Mr. Beck und seine Tochter gefeierte Persönlichkeiten. Wo immer Eric hinging, schnappte er Bemerkungen über sie auf. Allem Anschein nach war die Stadt in dieser Frage in zwei gegensätzliche Lager gespalten. Die einen hielten sich an den Grundsatz von leben und lesen lassen; der Alte hatte vierzig Jahre lang für seine Tat gebüßt, das sollte reichen. Die anderen machten lauthals ihrer Empörung Luft, daß man einen so hartgesottenen Verbrecher einfach begnadigte. Wieder andere waren der Ansicht, anständige Bürger müßten vor solchen Subjekten geschützt werden. Die Eltern von Horse meinten zum Beispiel, man solle die Becks auffordern, die Stadt zu verlassen.

Das war nun wirklich gefährliches Gerede, wenn man bedachte, daß es dabei zunächst nur um einen uralten Mann ging, der wegen eines nicht näher bekannten Mordfalls vierzig Jahre abgesessen hatte. Wie, fragte sich Eric besorgt, würden die Leute erst reagieren, wenn sie erfuhren, daß Mr. Beck die eigene Frau umgebracht hatte?

Noch blieb diese beängstigende Frage unbeantwortet, und schon nahmen die Ereignisse in der Stadt eine bedrohlichere Wende. Eines Abends stand Eric im Flur neben der Terrasse, wo seine Eltern saßen und ein Gläschen Wein tranken, und hörte, wie Mutter von der Versammlung einer »Liga besorgter Bürger« berichtete. Dort war vorgeschlagen worden, den »Einsamen Jäger« zu boykottieren.

»Da führt diese Frau seit fünfzehn Jahren ihren Laden«, sagte Mutter erregt. »Es ist einfach widerlich, daß man sie jetzt für das, was ihr Vater getan hat, bestrafen will. Manchmal kann ich die Leute nur verachten.«

Eric war froh und dankbar, daß seine Mutter so eindeutig für Mr. Beck Partei nahm.

Bald begann sich die Lage zuzuspitzen. Nur wenige Tage später ließ Eric sich die Haare schneiden. Im Stuhl neben ihm saß ein geschwätziger Kunde mit eingeseiftem Kinn und unterhielt sich mit dem Friseur. »Haben Sie schon das Neueste von den Becks gehört?« fragte er. »Der Laden der Tochter wird boykottiert.«

»Was Sie nicht sagen«, brummte der Friseur. »Ich habe gehört, daß es Leute gibt, die jetzt erst recht bei ihr einkaufen. Aus Verständnis und Mitgefühl.«

»Aus Unverständnis und Ignoranz!« empörte sich der Kunde.

»Warten Sie nur, bis sich die volle Wahrheit über diesen famosen Beck herumspricht!«

Und dann fiel die gefürchtete Bemerkung:

»Der Mann hat seine Frau umgebracht.«

»Was Sie nicht sagen!« wiederholte der Friseur, pfiff leise und ließ das blanke Rasiermesser mit einem einzigen Streich rund um das Stoppelkinn des Kunden gleiten.

»Wer wird noch bei einer Frau einkaufen«, fuhr der Kunde fort, »die sich ausgerechnet den Kerl ins Haus nimmt, der ihre eigene Mutter ermordet hat?«

»Das ist die Frage«, sagte der Friseur und schabte vorsichtig an dem geröteten Gesicht herum.

»Es würde mich nicht wundern«, schwätzte der Kunde weiter, »wenn der Hausbesitzer sie unter irgendeinem gesetzlichen Vorwand auf die Straße setzte, noch ehe sie bankrott macht. Weit haben wir es gebracht! Da legt einer die eigene Frau um, und schon kommen seine Kinder gelaufen und nehmen ihn in Gnaden auf!«

Der Friseur schnalzte mit der Zunge.

Eric konnte nichts weiter tun als warten, bis seine Haare geschnitten waren. Sobald er den Laden verlassen hatte, stieg er aufs Rad und fuhr lange ziellos durch die drückend heißen Straßen. Warum mußten sich die Leute in das Leben eines alten, sterbenskranken Menschen mischen? Das war nicht fair; damit hatte Mutter recht. Aber früher oder später – nein, eher früher – würden auch sie und Vater die volle Wahrheit über Mr. Beck erfahren und darauf bestehen, daß er den Alten nicht länger besuchte. Wenn nicht heute, dann morgen. Von ihrem Standpunkt aus betrachtet, waren sie mit ihrer Toleranz sicher bereits bis zum äußersten gegangen. Wie sollte er sie umstimmen können? Und doch: Wenn sie ihn auch noch so beschworen, noch so sehr versuchten, ihm ein Versprechen abzupressen, nie und nimmer würde er Mr. Beck jetzt verlassen. Jeder Tag im Garten festigte das Band zwischen ihnen nur noch mehr.

An diesem heißen Nachmittag stellte er sich die Szene vor: Mit heulenden Sirenen kamen die Streifenwagen angebraust. Polizei in Kampfhelmen nahm vor dem Haus Aufstellung. Inspektor Nolan, der Einsatzleiter, forderte Eric und den Alten durch das Megaphon auf, den Garten zu verlassen. Aber noch ehe Eric Mr. Beck helfen konnte, auch nur einen Schritt zu machen, wurde der Garten plötzlich von dichtem Nebel eingehüllt – und plötzlich erkannten er und Mr. Beck, daß die Welt jenseits des Gartens verschwunden war oder daß er für den Rest der Welt unsichtbar wurde, und sie trieben dahin, durch endlose Zeiten und Räume...

Der Schweiß rann ihm vom Gesicht. Eric trat nach Leibeskräften in die Pedale; sein Ziel: das Haus von Mr. Beck.

Im Garten flimmerte es von Insekten, deren schwirrende Flügel im Sonnenlicht glänzten. Aber Eric schenkte ihnen keine Beachtung. Er rannte über den Rasen auf die zusammengesunkene Gestalt im Gartenstuhl zu und rief schon von weitem: »Mr. Beck! Es ist eine Gemeinheit! Eine niederträchtige Gemeinheit!«

Erschrocken zuckte der Alte hoch, fuhr herum und starrte den Jungen aus schläfrigen Augen an.

»Das dürfen sie ihr nicht antun!« rief Eric atemlos und ließ sich neben dem Stuhl auf den Boden fallen.

»Wem? Was?« fragte Mr. Beck und zog sich den Schal enger um die Schultern.

»Ihrer – Ihrer Tochter.« Es klang seltsam für Eric, eine Frau wie Miß Beck als Tochter zu bezeichnen. Das paßte doch eher zu Mädchen in seinem Alter.

»Ach, das hast du gemeint? Wie die Leute in der Stadt reagieren?«

»Manche Menschen sind wirklich dumm!« murmelte Eric.

»Es liegt nicht so sehr an ihrer Dummheit«, stellte Mr. Beck fest, »als an ihrer Angst vor dem Unbekannten.« Und, besorgter als bisher, ergänzte er: »Aber das ist egal. Die arme Sophia! Was hatte sie schon von ihrem Leben? Und jetzt das. All die Jahre hat sie zu mir gestanden. Ist das nicht unglaublich?«

Sie schwiegen eine Weile. Dann sagte Mr. Beck nachdenklich, als wolle er es sich selbst ebenso auseinandersetzen wie Eric: »Als ich begnadigt wurde, sagte ich ihr, ich sei durchaus bereit, in ein Altersheim zu gehen. Dort könne sie mich besuchen. Aber meine Sophia wollte nichts dergleichen hören. Sie sagte, sie hätte hart gearbeitet, um für uns beide dieses Haus zu kaufen. Kannst du dir das vorstellen? Sie hat ein gefährliches Spiel gewagt, als sie mich hierher brachte – und sie hat es verloren.« Der Alte ließ ein ersticktes Schluchzen hören, und Eric wandte rasch den Blick ab. Roger, das Eichhörnchen, sprang durch die Roteiche, steckte das spitze Köpfchen aus dem Laubwerk und lugte vorwurfsvoll auf einen Zaunkönig, der es gewagt hatte, sich für einen Augenblick in den Zweigen niederzulassen.

›Roger führt sich auf wie die Menschen‹, dachte Eric. ›Er verteidigt eifersüchtig, was er für sich beansprucht, obwohl es ihm gar nicht gehört.‹

»Ach was«, sagte Mr. Beck und seufzte. »Sophia und ich, wir stehen auch das durch.«

Eric blinzelte zu ihm auf und fragte hoffnungsvoll: »Dann werden Sie die Stadt also nicht verlassen?«

»Nein, das werden wir nicht«, bekräftigte Mr. Beck mit einem leisen Lächeln. »Auf der Bank liegt noch etwas Geld. Ihr Geld. Sophia läßt sich nicht so einfach herumkommandieren. Niemand wir es schaffen, sie aus ihrem eigenen Haus zu vertreiben.« Mr. Beck kicherte glucksend. »Und aus Chicago kommt ein Kunsthändler, um sich meine Bilder anzuschauen. Wer weiß? Vielleicht macht er mich zu einem reichen Mann.«

Eric setzte wenig Hoffnung darauf, daß Mr. Beck auf diese Weise zu Geld kommen konnte. Aber es erleichterte ihn ungemein zu wissen, daß die Becks in der Stadt blieben, daß der Alte auch weiterhin Tag für Tag im Garten sitzen würde.

»Ich wundere mich über dich, Eric«, sagte Mr. Beck mit einem plötzlichen Stirnrunzeln. »Etwas wirklich Wichtiges läßt du ganz unerwähnt.«

Eric blickte ihn fragend an.

»Nur noch zwei Felder stehen aus, und du sprichst mit keinem Wort davon, daß du vielleicht noch heute mit dem ganzen Garten fertig wirst.«

Er hatte es gewußt. Aber was würde morgen sein?

Nachdem Eric das letzte Feld verlassen hatte, trottete er trübsinnig zu seinem Fahrrad, das an der Garagenwand lehnte. Es hatte einen Plattfuß, und Eric beschloß, es bis morgen stehen zu lassen. Ohne ersichtlichen Grund fühlte er sich schrecklich müde. Und traurig, niedergeschlagen, als hätte er etwas verloren. Er schlich an dem Alten vorbei, der in seinem Stuhl vor sich hin döste, und verließ den

Garten beim Hohlweg. Kaum hatte er ihn erreicht und war aus dem Gestrüpp aufgetaucht, hörte er jemanden rufen. Eine Frau stand ein halbes Dutzend Häuser weiter auf der jenseitigen Anhöhe und winkte Eric lebhaft zu.

Er klopfte sich fragend auf die Brust. »Meinen Sie mich?«

»Komm einen Augenblick her! Bitte!«

Eric kletterte die steile Böschung hoch und fand sich einer dicken, grauhaarigen Frau in einem Hauskleid gegenüber. Sie faltete die Hände vor der Brust, als wolle sie ihn um etwas bitten.

»Dachte ich mir doch, daß du es bist!« sagte sie kurzatmig und musterte ihn aus mausgrauen Augen, die hinter der dicken Brille unnatürlich groß wirkten. »Ich dachte mir: Dort unten, das könnte er sein! Da hab ich mir gesagt: Das läßt sich ja herausfinden! Und ich habe recht behalten!« Immer noch hielt sie wie im Gebet die Hände gefaltet. »Möchtest du eine Cola? Ist alles da. Ich halte dich bestimmt nicht lange auf. Ich mußte einfach einmal mit dir reden, und jetzt ist der beste Zeitpunkt dafür.«

Eric blickte sich um. Unweit vom Hohlweg war ein Liegestuhl. Die Frau nahm wahrscheinlich endlose Sonnenbäder, denn ihr Gesicht war tief gebräunt, die Haut ausgetrocknet. Der Garten sah nicht besonders gepflegt aus; das Gras stand hoch und war verkrautet; im einzigen Blumenbeet kümmerten Pfingstrosen und Zinnien dahin, in denen die Insekten gewütet hatten. Entlang der gesamten Breite des Gartens war eine Wäscheleine gespannt, von der eine Leine zum Halsband einer extrem fetten Bulldogge führte, die Eric mißtrauisch anglotzte. Die riesige rote Zunge hing ihr seitlich zwischen den Zähnen aus dem Maul. Das Tier mußte schon recht alt sein, denn seine Schnauze war fast weiß.

»Das ist Alfred«, sagte die Frau. »Er beschützt mich. Vor wem, kannst du dir wohl denken. Wie heißt du eigentlich, Schätzchen?«

Eric starrte unangenehm berührt auf die gefalteten Hände, auf die dicken Brillengläser, auf die erwartungsvoll geöffneten Lippen, über denen sich ein dünner blonder Damenschnurrbart zeigte. »Ich heiße Eric«, sagte er schließlich.

»Eric – und wie noch? Ich habe eine Sechserpackung Cola im Haus. Wie wäre es mit einer Dose? Und wie noch? Du hast gesagt: Eric – und wie noch?«

»Fischer. Nein, vielen Dank, kein Cola.«

»Komm, du mußt Alfred kennenlernen!«

Eric folgte ihr widerstrebend. Ihre immer noch gefalteten Hände dirigierten ihn an den riesigen Fleischklumpen heran, der eher einer unförmigen Kröte als einem Hund glich. Als sie beinahe in Reichweite waren, kämpfte sich Alfred auf die Beine und begann, etwas heftiger zu atmen. Die Hinterpfoten kamen so langsam und ruckartig hoch, als müsse Alfred wie ein Gummitier erst aufgeblasen werden.

»Komm ihm nicht zu nahe!« warnte die Frau plötzlich. »Er ist völlig harmlos – nicht wahr, mein armer, kleiner Liebling? –, aber vor Fremden will er mich unbedingt beschützen.« Sie beugte sich über ihn, und Alfred grunzte, ließ seine breite Zunge pendeln und schwappte sie der Frau großzügig ins Gesicht. Ohne sich die Schleimspur von der Wange zu wischen, richtete sich die Frau auf und sagte äußerst zufrieden mit der Demonstration: »Alfred hat mich so lieb, weil auch ich ihm alle meine Liebe schenke. – *Wie* heißt du, mein Junge?«

»Eric Fischer.«

»Ich kann mir einfach keine Namen merken. Gesichter übrigens noch weniger«, gestand die Frau und schleppte Eric wieder zum Liegestuhl zurück. »Für mich sehen alle Leute gleich aus – nichts als Mäusegesichter. Ist das nicht komisch? Und wo wohnst du, Eric Fischer?«

Eric sagte es ihr.

Ihre Augen erhellten sich. »Die Gegend kenne ich!« sagte sie beeindruckt. »Ein sehr nobles Viertel. Ich habe dort einmal jemanden gekannt. Die Leute hießen – sie hießen...« Ihr rundliches Gesicht wurde völlig ausdruckslos. »Siehst du, ich hab's vergessen! Sie hießen irgendwie. Willst du wirklich kein Cola? Ich habe eine Sechserpackung im Kühlschrank stehen.«

In ihrem Mund blitzten beim Sprechen Goldzähne auf. Ihre Hände hatten sich noch immer nicht aus dem ewigen Gebet gelöst. Die Frau kam Eric ziemlich verrückt vor. Alfred, so alt und fett er sein mochte, war ihm nicht weniger verdächtig, und je eingehender Eric die Frau betrachtete, um so mehr schien ihr schwabbeliges, rundes Gesicht dem ihres Hundes zu gleichen.

»Ich muß jetzt gehen«, sagte Eric.

»Bleib doch da! Nur eine Minute!« rief die Frau erschrocken und packte ihn am Arm – jetzt endlich hatten sich ihre Finger aus der Umklammerung gelöst. Sie blickte sich vorsichtig um und steckte ihm dann beinahe die Nase ins Gesicht. »Ich muß dich unbedingt etwas fragen, Eric Fischer!« Kokett legte sie den Finger auf die Lippen. »Es bleibt ganz unter uns! – Also: Was ist das eigentlich für ein Mensch?«

Eric wich einen Schritt zurück. »Ich muß jetzt wirklich gehen.«

Die Frau drängte sich erneut heran. Ihre Augen hinter den dicken Brillengläsern weiteten sich. »Ich weiß, daß du ihn jeden Tag besuchen kommst und in seinem Garten hockst!« sagte sie. »Das weiß hier jeder. Du sollst mir doch bloß ein bißchen von ihm erzählen.«

»Ich muß nach Hause«, murmelte Eric. »Meine Eltern warten bereits auf mich.«

»Zum Beispiel von seinen Mördereien. Hat er dir verraten, auf welche Weise er seine Opfer umgelegt hat? Ist er ein reuiger Sünder – oder einer von der kaltblütigen Sorte? Er sieht mir ja ganz danach aus, aber wer kann schon in einem Menschen lesen?« Eric wich Schritt um Schritt zurück, aber sie blieb ihm hart auf dem Leib. »Hab keine Angst, ich sage es nicht weiter! Ich rede mit meinen Nachbarn kein Wort. Du ahnst ja nicht, wie gewöhnlich die Leute in dieser Gegend sind.« Sie grapschte nach Eric, aber der hatte den Rand des Gartens erreicht und hastete bereits über die Böschung.

»Warte doch!« rief sie ihm nach. »Komm zurück! Was ist das für ein Benehmen?«

Ohne sich umzublicken, rannte Eric zum Hohlweg. Ihre Stimme quäkte ihm nach: »Du Lausebengel! Schäme dich! Pfui Teufel! Du solltest dich was schämen!«

Zitternd vor Aufregung über die seltsame Begegnung und wie in Panik rannte Eric davon. Bisher hatte er sich über die Nachbarn der Becks kaum Gedanken gemacht. Er und Mr. Beck hatten den Garten nie verlassen, und was jenseits seiner Grenzen lag, existierte einfach nicht für sie. Aber wie ein Soldat, der in einen Hinterhalt geraten ist, spähte er jetzt zu den Gärten hinauf, die in langer Reihe den Hohlweg säumten.

Eric wappnete sich für die Auseinandersetzung, die ihn daheim erwarten würde –, und sie blieb nicht aus. Diesmal lockten ihn die Eltern nicht erst ins Wohnzimmer, sondern forderten ihn offen auf, sofort in Vaters Arbeitszimmer zu kommen. Sie überhäuften Eric nicht mit Vorwürfen. Statt dessen machte Mutter des langen und breiten ihrer Empörung über das Verhalten mancher Leute Luft, die in ihrer Beschränktheit diesen alten Mann einfach zu einer brutalen Bestie stempelten. Dabei handelte es sich immerhin um einen »Mord aus Leidenschaft« – Mutter hatte offenbar die alten Zeitungsberichte ausgegraben und sich ausführlich informiert – und nicht um ein kaltblütig geplantes Verbrechen. Dieser Umstand habe schließlich auch das Gericht bewogen, es mit einer lebenslangen Haftstrafe bewenden zu lassen, statt Mr. Beck auf den elektrischen Stuhl zu setzen. Aber wollten das die Leute hören? Nein! Sie überböten sich vielmehr in einer Hexenjagd auf einen sterbenskranken Menschen und dessen Tochter, die ihrem Vater tapfer und großherzig nach vierzig verbüßten Jahren ein paar letzte Tage in Frieden und Freiheit bescheren wollte.

In ihrem Zorn schwang sich Mutter zu großer Rhetorik auf. Vater beschränkte sich auf zustimmendes Nicken und sog nachdrücklich an seiner Pfeife.

Aber schließlich kamen die Eltern doch auf Eric zu sprechen. Die uneingeschränkte Verurteilung der selbsternannten Volksjustiz war nur der Auftakt gewesen. Jetzt kam man zur eigentlichen Sache: Eric müsse sich damit abfinden, jeden Kontakt zu Mr. Beck abzubrechen.

Nun war Vater an der Reihe. Er bemühte sich, die drohende Gefahr objektiv darzulegen: In ihrer Sucht nach Vergeltung ließen sich Menschen oft zu impulsiven Handlungen hinreißen. Es läge durchaus im Bereich der Möglichkeit, daß man das Haus belagern würde, daß es zu Ausschreitungen und Vandalismus kommen konnte. Geschähe dies nun in Erics Anwesenheit, müsse er zwangsläufig – und die folgenden Worte sprach Vater mit besonderem Nachdruck – *persönlich* davon betroffen werden: Die Ereignisse würden selbstverständlich die Polizei auf den Plan rufen; damit käme natürlich Inspektor Nolan ins Spiel –, und so würde die ganze Problematik von Erics Bewährungsfrist neu aufgerollt werden.

Vater blieb wie immer ruhig und gelassen und vertraute ganz auf die Logik seiner Ausführungen; deshalb war er ja auch ein erfolgreicher Geschäftsmann.

Als Vater geendet hatte, schauten er und Mutter Eric erwartungsvoll an.

Eric holte tief Luft und sagte: »Mr. Beck braucht mich jetzt mehr denn je.«

Vater paffte heftig an seiner Pfeife.

»Wir wollen dich doch nur vor Schaden bewahren!« sagte Mutter.

»Und vermeiden, daß du noch mehr Scherereien mit der Polizei bekommst!« ergänzte Vater.

»Ich bin sein einziger Freund«, beharrte Eric, ohne die Stimme zu heben. »Ich lasse ihn nicht im Stich.« Keine Frage: jetzt wußten die Eltern nicht, wie sie reagieren sollten. Es ging Eric plötzlich auf, daß er ihnen weh tat. Das war kein gewöhnlicher Machtkampf. Und doch durfte er nicht nachgeben. Niemals. »Ich bleibe bei ihm!« sagte er, so endgültig und unerschütterlich, daß er damit offenbar den letzten Widerstand der Eltern brach. Er hatte sogar den Eindruck, als empfänden sie Erleichterung darüber, daß er ihnen die Entscheidung abnahm, denn sie beschränkten sich nun darauf, zu seufzen und zu hüsteln, und ließen ihn schließlich ohne ein weiteres Wort – und ohne Versprechen – ziehen.

Auf dem Flur erwartete ihn Widerstand ganz anderer und weitaus gefährlicherer Art.

Susan stand auf der Schwelle zu ihrem Zimmer, krümmte den Finger und befahl Eric barsch: »Herein mit dir!«

Eric trat in ihr Allerheiligstes ein, das ihm sonst immer streng verschlossen war. An der Wand hingen Poster; auf dem Stuhl häuften sich Susans Klamotten; übers Bett verstreut lagen Schallplatten ohne Hüllen. Vorsichtig setzte sich Eric auf die Bettkante.

Susan knöpfte sich hastig die Bluse zu. Sie hatte offenbar gehört, wie Eric aus dem Arbeitszimmer gekommen war, und sich in aller Eile etwas übergezogen, um Eric abfangen zu können, ehe er in seinem Zimmer verschwand. Erregt ging sie im Zimmer auf und ab.

»Ich verstehe dich nicht«, begann sie. »Was kann dir bloß so ein alter Knacker bedeuten? Roddy sagt, du hockst in seinem Garten und spielst mit ihm. Zum Teufel, was für ein idiotisches Spiel ist das?«

»Er bringt mir bei, den Garten zu sehen.«

Susan machte große Augen. »Was? Was schaust du dir an?« Sie rang in einer dramatischen Geste, die sie wahrscheinlich irgendwo abgeguckt hatte, die Hände. »Was glaubst du, wie mir zumute ist?« stöhnte sie und streckte den Kopf vor.

Ihre nur halb zugeknöpfte Bluse stand offen; Eric konnte darunter den BH sehen. Als Susan erkannte, daß er ihr in den Ausschnitt guckte, richtete sie sich rasch wieder auf und schloß auch die letzten Knöpfe. »Ich hab dich etwas gefragt!« zischte sie.

»Was denn?«

»Eric, du kostest mich wirklich und wahrhaftig den Nerv! Erst handelst du dir eine Bewährungsfrist ein, dann besäufst du dich vor den Augen von Danny Richmond im Schwimmbad, und jetzt treibst du dich auch noch mit einem Mörder herum! Was würdest du sagen, wenn *du* einen solchen Bruder hättest?« Susan paradierte vor ihm auf und ab. »Aber natürlich! Wie könnte ich von dir auch je erwarten, daß dich das auch nur im geringsten kümmert? Deine Freunde sind selbst lauter Mistkerle, die lassen dich für dein unmögliches Benehmen nicht büßen.« Vor einem Pferdeposter an der Wand blieb sie stehen und wandte sich brüsk um. »Aber *ich* muß dafür büßen. Denn *meine* Freunde wissen zwischen Recht und Unrecht zu unterscheiden. Und auch Mutter und Vater müssen deinetwegen etwas durchstehen. Hast du je bedacht, daß unser guter Ruf auf dem Spiel steht? Oh, du kränkst sie sehr, Eric! Nur deshalb habe ich ihnen nichts von der Sache im Schwimmbad erzählt – um sie nicht noch mehr zu verletzen, und ändern konnten sie doch nichts mehr daran.«

Diesmal unterbrach sie ihre Zimmerwanderung vor dem Poster eines Punk-Stars. Susan hatte sich in einen Zustand heftiger Empörung versetzt, und obwohl sie eine Schmierenkomödie aufführte, wußte Eric, daß sie im

Grunde ihres Herzens meinte, was sie sagte – sonst hätte sie ihn schon längst verpetzt. Es hatte ihn ohnehin überrascht, daß sie ihr Versprechen noch nicht gebrochen hatte. Denn eines stand fest: Susan mochte ihre Eltern. In seinen Augen war das ihr bester Charakterzug.

»Nun?« hauchte sie und stützte die Hände in die Hüften. »Schert es dich kein kleines bißchen, daß du deinen Eltern Kummer bereitest?«

Eric stand auf. Er ließ den Blick über die Poster gleiten. Das Angebot war reichhaltig. In der Tür wandte er sich um und sah Susan offen ins Gesicht, bis sie die Augen senkte und nur noch die blau bemalten Lider zu sehen waren. »Doch«, sagte er. »Doch, es bedrückt mich. Nur: der alte Mann ist mein Freund. Und daran ist nicht zu rütteln, da kannst du sagen, was du willst.«

»Das wird dir noch leid tun!« rief Susan ihm nach.

Es tat ihm schon jetzt leid. Es tat ihm leid, daß er seine Eltern in Schwierigkeiten brachte, er hatte kaum an sie gedacht, als die Sache mit der Bewährung passiert war, aber jetzt dachte er an sie. Er ahnte nur, welche Macht die Stadt hatte, wieviel Druck sie ausüben konnte, und er begriff, daß seine Eltern bloß versucht hatten, ihn davor zu bewahren. Es mußte für sie zermürbend sein, daß er sich nicht von ihnen helfen ließ.

Susan hatte unrecht: Das alles war ihm keineswegs gleichgültig. Es tat ihm aufrichtig leid, seine Familie zu verletzen. Aber es tat ihm nicht leid, bei seinem Entschluß geblieben zu sein.

Erst wollte er durch den Hohlweg gehen, aber dann besann er sich eines Besseren. Er wollte nicht, daß man ihn beobachtete. Also kletterte er früher als sonst die Böschung hoch und ging das letzte Stück auf der Straße. Herausfordernd blickte er in jede Hauseinfahrt. Vor vielen Fenstern hatte man zum Schutz gegen die Morgensonne die Rolläden heruntergelassen. Eric wartete geradezu darauf, daß jemand in den Vorgarten kam, um ihn anzusprechen. Dann würde er stehenbleiben und diesen Jemand anstarren – bloß anstarren –, bis der den Blick senken mußte. Und danach würde Eric laut auflachen und, ohne sich noch einmal umzudrehen, weitergehen. Darauf wartete er, aber nichts geschah. Wahrscheinlich versteckte sich die feige Bande hinter den Gardinen und spähte ihm aus sicherer Distanz nach.

Vor dem Haus der Becks parkte ein Lieferwagen. Ein Arbeiter setzte im Fenster neue Scheiben ein. Auf dem Bürgersteig und im Vorgarten lagen Glassplitter. Miß Beck kroch auf Händen und Knien herum und sammelte sie in einen Müllsack. Drei weitere Fenster waren ebenfalls zerbrochen. Eric erinnerte sich daran, wie *er* mit Steinen auf die Fenster der Schule gezielt hatte. Jetzt endlich begriff er die wahren Beweggründe solcher Gewalt; und er begriff, warum sich die Leute in ihren Häusern und hinter den Gardinen versteckten: Feigheit und Gewalt gingen Hand in Hand. Er selbst würde nie wieder mit Steinen schmeißen.

Eric kniete sich zu Miß Beck und half ihr, die Scherben einzusammeln. Ihre Blicke begegneten sich kurz. Schweigend arbeiteten sie weiter.

»Danke, Eric«, sagte Miß Beck zuletzt und lächelte leise.

Er nickte ihr ernst zu und ging um das Haus herum in den Garten. Mr. Beck winkte ihm fröhlich, als sei nichts geschehen, aus seinem Stuhl entgegen.

»Heute morgen hat der Kunsthändler aus Chicago angerufen. Er kommt tatsächlich, um sich meine Bilder anzusehen. Was sagst du dazu?«

Eric hörte den Lieferwagen fortfahren und lauschte dem Geräusch nach.

»Ach, das! Das hat nichts zu bedeuten«, sagte Mr. Beck geringschätzig. »Das waren bloß ein paar Punks. Sie sind mit dem Wagen vorbeigebraust und haben eine Handvoll Steine geworfen.«

Eric fragte sich, ob er die Täter wohl kannte. Jemand aus Susans Schulklasse? Oder dieser Kunde aus dem Friseursalon und seine Mitstreiter? Oder die Bande? Nein, die hatten ja keinen Wagen. Noch vor einem halben Jahr wäre Eric wahrscheinlich mitgekommen, wenn man ihn dazu aufgefordert hätte: »Dem alten Knastbruder werden wir es geben!« Er schüttelte verwundert den Kopf.

»Es geht mich zwar nichts an«, begann Mr. Beck vorsichtig, und er legte schützend die Hand vor die Augen, um Eric besser sehen zu können. »Aber du erzählst nie von deiner Familie.«

Es war das erste Mal, daß er sie erwähnte.

»Da gibt es nicht viel zu erzählen«, erwiderte Eric ausweichend.

»Ach, ich will dich nicht aushorchen. Wie gesagt: es geht mich nichts an. Aber ich frage mich doch, ob sie eigentlich wissen, daß du zu mir kommst.«

»Das wissen sie.«

»Und sie lassen dich einfach gehen?«

Eric zögerte, entschloß sich dann aber doch, die Wahrheit zu sagen. »Nein. Sie sind dagegen.«

Mr. Beck nickte und sagte: »Das kann ich mir denken. Du stehst unter Polizeiaufsicht. Da muß es sie beunruhigen, daß du dich ausgerechnet mit einem ehemaligen Häftling befreundest. Ich glaube, du solltest vorübergehend darauf verzichten, mich zu besuchen, Eric.«

»Nein.«

»Ich sagte: vorübergehend.«

»Nein.«

»Komm schon, Eric! Sei vernünftig! Bis über die ganze Sache Gras gewachsen ist.«

»Nein«, sagte Eric noch einmal, und er fügte hinzu: »Das ist unser Sommer. Wir können nichts aufschieben.«

Mr. Beck musterte ihn nachdenklich; dann lächelte er. »Gegen so viel Logik bin ich machtlos. Ich möchte nur, daß du begreifst, daß es für dich gefährlich werden könnte, in den Garten zu kommen.«

»Ich will aber kommen.«

»Obwohl du alle Felder hinter dir hast?«

»Jetzt erst recht.«

»Und warum?«

»Weil ich nach wie vor nicht weiß, wozu das gut war. Das muß ich noch herausfinden.«

Mr. Beck spitzte die Lippen. »Ja, damit hast du wohl recht. Meine Methode konnte dir nur den Weg zeigen. Von nun an bist du auf dich selbst angewiesen. Denn wir sind noch lange nicht am Ende. Oder hast du geglaubt, wenn du das letzte Feld verläßt, sei alles erledigt?«

»Erst habe ich das wahrscheinlich geglaubt.«

»Und jetzt hast du erkannt, daß die Sache damit keineswegs erledigt ist.«

Eric blinzelte gegen die blendende Sonne in das verwitterte Gesicht des Alten. Er war wie ein Baum, der Jahr um Jahr allen Stürmen getrotzt hatte und dabei stark und unbesiegbar geworden war. Ein Baum, dessen Wurzeln tief in die Erde reichten.

»Ich glaube, ich sollte einfach im Garten bleiben«, sagte Eric schließlich, »und abwarten, was geschieht.«

»Sehr gut!« rief Mr. Beck und klatschte mit Nachdruck gegen die Stuhllehnen. »Das hätte ich an deiner Stelle auch getan. Das ist ein guter Anfang!«

Eric überlegte. »Ich werde mich eine Zeitlang in den Baum setzen.«

Er schlenderte zu der Roteiche hinüber und kletterte den Stamm hinauf. Auf halber Höhe begann er, die kühle Brise zu spüren. Das sanfte Rascheln in den Blättern übertönte alle Geräusche aus der Nachbarschaft. Eric schaute über die Dächer. Er wußte genau, daß in vielen Häusern Menschen waren, die es ebenso mißbilligten, daß Eric hier oben auf dem Baum sitzen durfte, wie sie es Mr. Beck verübelten, daß er dort unten im Garten saß. Aber das beunruhigte ihn nicht. Er hätte nicht sagen können, warum, aber er fühlte, daß ihm und Mr. Beck nichts passieren konnte, solange sie den Garten nicht verließen. Vielleicht gab ihm die Erinnerung an den Blitz, der ihn nur um wenige Meter verfehlt hatte, die Gewißheit, daß der Garten magischen Schutz bot. Alles, was unter seinem Platz in der Roteiche lag, gab Eric ein Gefühl von Vertrauen und Geborgenheit. Eine unsichtbare, aber undurchdringliche Hülle hatte sich wie eine Glocke über den Garten gelegt und schirmte die drei von der Außenwelt ab – denn Miß Beck bezog er mittlerweile in seine Überlegungen ein.

Eine Schar Wildenten flog über die Dächer. Wenn der Herbst kam, konnte man sehen, wie sie sich formierten und dann zu Tausenden über die Stadt zogen, der Sonne nach, dem Süden entgegen.

Der Sommer neigte sich dem Ende zu.

Eric blickte auf den Rasen hinunter. Dort saß Mr. Beck und trank Limonade. Dem Alten drohte keine Gefahr. Der Garten würde ihn beschützen. Er würde sie alle drei beschützen. Der Garten war heilig.

Am nächsten Tag traf Eric die Bande auf der Kegelbahn. Er war nicht besonders gut im Kegeln, obwohl er im Zweikampf mit Zap immer noch seinen Mann stand. Supercool verlor höchstens gelegentlich gegen die Profis.

Diesmal hatte die Bande eine Bahn gleich neben vier kichernden Mädchen, die sie aus der Schule kannten. Die vier warfen Horse immer wieder heimliche Blicke zu. Horse war zwar gleich alt wie Eric und die anderen, wirkte aber durch seine Größe und mit seinen breiten Schultern wesentlich älter. Obwohl Solo im letzten Jahr ziemlich gewachsen war und die meisten Mädchen seiner Klasse überragte, schenkten sie ihm kaum einen zweiten Blick. Heute traf das allerdings nicht zu. Sally Kennedy, die sonst eher schüchtern wirkte, betrachtete ihn lang und aufmerksam. Das machte ihn unsicher, als hätte man ihn mit ihr in einem leeren Raum zurückgelassen. Er vermied es, zu den Mädchen auf der Nebenbahn hinüberzuschauen, fühlte sich aber jedesmal beobachtet, wenn die Reihe an ihn kam und er mit der Kugel in die Anlaufspur trat. Das bewirkte, daß seine Würfe kräftiger als sonst ausfielen, aber auch weniger exakt. Die Kugel knallte dann zwar mit mächtigem Drall ins Ziel, richtete dort jedoch mehr Lärm als Schaden an.

Auch die anderen versuchten, sich vor den Mädchen selbst zu überbieten. Die Sprüche waren flotter als üblich, und das Gelächter wirkte unnatürlich laut.

Einmal hatte Solo Glück und räumte mit einem Superwurf alle Kegel ab. Danach spähte er doch einmal kurz zu den Mädchen hinüber. Als er an den Tisch zurückkam, boxte ihn Zap hart in die Rippen.

»Was soll das?« fragte Solo. Zap hatte weitaus schmerzhafter zugeschlagen, als ein noch so rauher Scherz rechtfertigen konnte.

»Was habe ich dir denn getan?«

»Nichts!« feixte Zap; sein Schielauge fixierte einen Punkt hinter Solos Schultern. »Der Punch war gratis!«

Horse, der seinen Wurf hinter sich gebracht hatte, wandte sich nach den beiden um und lachte: »Ach, laß ihn doch in Frieden, Zap! Der arme Junge ist ja verliebt!«

Zap kicherte. Supercool kicherte ebenfalls und stand auf, um seinen Wurf zu landen.

»Im Ernst?« sagte Zap. »In wen hat er sich denn verknallt?«

»Hast du noch nicht von dem alten Knastbruder gehört?« erwiderte Horse. »Solo und er sind ein Herz und eine Seele. Da geht es um Bienen und Vöglein, um Blümchen und Bäume.«

Sie hatten es also herausgekriegt. Eric war keineswegs überrascht. Seit Tagen hatte er damit gerechnet, daß ihn die Bande zur Rede stellen würde. Wahrscheinlich hatten sie nur auf einen günstigen Augenblick gewartet. Jetzt, mit den Mädchen auf der Nebenbahn, schien er ihnen gekommen. Eric riskierte einen Blick hinüber. Die Mädchen spitzten die Ohren. Sally Kennedy spitzte die Ohren.

»Heraus mit der Sprache!« rief Zap und versetzte ihm erneut einen schmerzhaften Stoß in die Rippen. »Was treibt ihr beiden, du und der alte Knastbruder? Heckt ihr einen neuen Mord aus?«

Solo preßte die Arme gegen die Seiten. »Hör bloß auf mit der blöden Boxerei!«

»Ich will wissen, was ihr miteinander macht!« beharrte Zap. Er kam an die Reihe und stand auf.

»Ja«, sagte Supercool und setzte sich. »Bringt er dir bei, wie man ein Ding dreht? Zeigt er dir, wie man jemanden abknallt?«

»Laßt ihn aus dem Spiel«, sagte Solo und schaute zur Nebenbahn. Sally lauschte.

»Wie denn?« Supercool stand auf und blickte grinsend in die Runde. »Wo ist er denn? Ich sehe ihn nicht. Wie sollen wir den alten Knacker aus dem Spiel lassen, wenn er doch gar nicht da ist?«

Die Freunde prusteten los. Eric hörte auch die Mädchen kichern. Er starrte sie böse an. Sally lächelte nicht einmal; aber ihr Blick war auf ihn gerichtet.

Eric kam an die Reihe. Er griff nach der Kugel, aber Horse kam ihm zuvor. Er packte die Kugel, stemmte sie hoch über seinen Kopf und brüllte: »Eric Fischer! Zeig uns deinen neuen Freund!«

Die anderen stimmten ein und sangen im Chor: »Zeig uns deinen neuen Freund! Zeig uns deinen neuen Freund!«

Eines der Mädchen beugte sich über die Barriere und flüsterte Supercool etwas zu. Supercool flüsterte zurück. Das Mädchen kicherte und gab die Botschaft ihren Freundinnen weiter.

Solo wußte nicht, wie er sich verhalten sollte. Es war

ihm klar, daß ihm die Bande sein häufiges Ausbleiben nicht verziehen hatte. Andererseits beneideten sie ihn, weil er mit einem berüchtigten Killer verkehrte. Die vier Mädchen auf der Nebenbahn machten aus ihrer Neugier keinen Hehl. Sie lachten ihm zu – alle, bis auf Sally Kennedy, die ihn nach wie vor so ernst anblickte, als wären sie beide allein.

Endlich ließ Horse die Kugel in Solos ausgestreckte Hand fallen.

Solo nahm Anlauf. Der Wurf ging schmählich an die Bande und provozierte Gelächter. Ehe sich Solo umwandte und dem Spott stellte, schloß er für eine Sekunde die Augen: Da lag der Garten im Sonnenlicht.

Wieder lehnte sich eines der Mädchen über die Barriere. Ohne Solo aus den Augen zu lassen, lauschte sie Supercools geflüsterten Bemerkungen.

»Was gibt es da zu tuscheln?« Solo konnte sich die Frage nicht verkneifen.

Supercool reckte sich und stopfte die Hände in die Hosentaschen. Betont laut sagte er: »Ich habe nur eine Frage beantwortet. Sie betrifft dich und deinen Knastbruder. Die junge Dame wollte wissen, womit ihr euch beschäftigt. Da habe ich gesagt: ›Der Alte hockt in einem Stuhl, und Solo hockt im Gras. Der Alte schnarcht, und Solo sitzt bloß da und tut rein gar nichts.‹ Das habe ich ihr gesagt. Und es stimmt, denn ich habe euch beide beobachtet.« Supercool grinste bösartig. »Einfach phantastisch, was ihr zwei treibt!«

Solo wurde mit kräftigem Griff an den Schultern gepackt und herumgewirbelt. Horse zwang ihn, zu ihm aufzublicken.

»Wir wollen den Kerl kennenlernen!« forderte er ultimativ. »Da horchst du ihn schon die längste Zeit aus und sagst uns kein verdammtes Wort. Was soll das? He? Wir wollen mitkommen und hören, was er auszuspucken hat.«

»So ist es!« bestätigte Supercool, der dazugekommen

war und sein Messer aus der Tasche gezogen hatte. Er ließ alle drei Klingen aufspringen. »Ich wette, ein solches Ding hat der alte Knastbruder noch nie gesehen.« Er ließ das Messer so knapp vor Erics Gesicht aufblitzen, daß Eric zurückwich. »Damit kannst du Haare spalten!« prahlte er und stach das Messer in die Luft. Die Mädchen quiekten erschrocken. Supercool verbeugte sich vor ihnen und sagte: »Keine Sorge, meine Damen! Ich weiß, wie man mit einem solchen Ding umgeht.«

Die Mädchen kicherten beeindruckt. Nur Sally Kennedy beobachtete Solo, der den Rückzug angetreten hatte.

»He, Eric Fischer! Wo willst du hin?« brüllte Horse.

Jetzt war er also wieder Eric Fischer. Schluß mit Solo. Auch gut, dachte Eric, als er sich an Zap vorbeidrückte und die Bahn verließ.

»Wir werden dem Kerl Beine machen!« rief Supercool und schwang das Messer durch die Luft.

»Wir werden ihn aus der Stadt jagen!« brüllte Horse.

»Geh nur! Lauf nur hin zu deinem alten Knastbruder!« schrie Zap und lachte dröhnend.

Ein letztes Mal blickte sich Eric um – aber nicht nach der Bande, sondern nach Sally Kennedy, die seinen Blick unverändert auf diese seltsame, beunruhigende Weise erwiderte.

Mit der Bande, überlegte Eric, als er aufs Rad stieg, wollte er nichts mehr zu schaffen haben. Es hatte ihn nicht gestört, daß sie ihn ein wenig aufgezogen hatten; das war so ihre Art. Aber er konnte ihre Eifersucht nicht ertragen. Er ertrug es nicht, daß sie ihm keine Zeit für einen wirklichen Freund zugestehen wollten. Wer waren sie schon, daß sie ihm Vorschriften machen konnten?

Sie würden ihn nie wieder in ihre Runde aufnehmen. Aber, und darauf kam es an: Er hatte gar nicht die Absicht, sie darum zu bitten.

An den folgenden Tagen hielt Eric rund um Mr. Becks Haus nach Gefahrenzeichen Ausschau. Autos fuhren die Norris Street auf und ab und verlangsamten das Tempo, wenn sie am Haus vorbeikamen, damit ganze Familien Gelegenheit hatten, den Wohnsitz eines notorischen Killers zu betrachten. Das Fenster zum Garten stand offen; Eric konnte ununterbrochen das Telefon läuten hören. Miß Beck ging nie an den Apparat, obwohl sie jetzt den ganzen Tag daheim war. Mr. Beck behauptete, der Souvenirladen sei wegen Inventur geschlossen, aber Eric wußte es besser: Das war eine Folge des Boykotts. Die Leute versuchten, die Becks aus der Stadt zu ekeln, die einen, indem sie das Geschäft boykottierten, die anderen mit der Androhung nackter Gewalt. Eric nahm an, daß es auch eine Menge anonymer Briefe gab; das kannte er von einem Fernsehspiel, das er einmal gesehen hatte.

Eines Nachmittags, als Eric wieder auf dem Rasen saß und las, hatte er plötzlich das Gefühl, beobachtet zu werden. Er blickte auf und sah, daß in der Einfahrt neben der Garage ein Paar in mittleren Jahren stand und ihn anstarrte. Die Frau zupfte den Mann am Ärmel und wisperte ihm etwas ins Ohr; dabei hielt sie die Hand vor den Mund, als fürchte sie, belauscht zu werden. Sie machten keine Anstalten zu gehen, sondern blieben stehen und beobachteten, wie er sie beobachtete.

Auf einmal stürmte Miß Beck, wie von der Tarantel gestochen, aus dem Haus und überschüttete schon an der Tür die beiden Eindringlinge mit Vorwürfen. »He, Sie da! Was haben Sie hier zu suchen?« rief sie angriffslustig. »Warum treiben Sie sich hier herum? Heraus mit der Sprache!«

Eric war überrascht von der Kraft dieser Stimme. So konnte sonst nur Mr. Beck sprechen, wenn er es darauf anlegte. Bisher kannte Eric nur ihren leisen und beherrschten Tonfall, als könne sie sich jeder Situation, auch der unangenehmsten, anpassen. Aber jetzt war Miß Beck verwandelt. Sie ließ den beiden Schnüfflern keine Gelegenheit zu einem raschen Rückzug, sondern beschämte sie und rächte sich allein durch den Klang ihrer Stimme. »Sagen Sie endlich, was Sie hier zu suchen haben!« brüllte sie und blieb den beiden dicht auf den Fersen. »Ich habe ein Recht zu erfahren, was Sie vor meinem Haus suchen. Warum schnüffeln Sie hier herum? Was wollen Sie von uns?«

Zu Tode erschrocken, trat das Pärchen die Flucht an. Eric sah ihnen nach, bis die drei hinter dem Haus verschwunden waren. Noch lange hörte er Miß Beck schimpfen, hörte, wie sie den Mann und die Frau vor der ganzen Nachbarschaft mit Vorwürfen überhäufte.

Als sie zurückkam, sprang Eric auf und rief: »Bravo!« Miß Beck würdigte ihn kaum eines Blicks, sondern ging rasch und mit gesenktem Kopf ins Haus und warf hinter sich die Tür zu.

Mr. Beck kicherte.

Eric betrachtete ihn. Es war seltsam, wie unbesorgt Mr. Beck sich gab. Nichts schien ihn ernstlich zu beeindrukken. Solange seine Tochter die Situation im Griff hatte, ohne zu sehr darunter zu leiden, war der Alte zufrieden. Es war natürlich möglich, daß Mr. Beck sich Hoffnungen machte, seine Bilder verkaufen zu können. Der Kunsthändler aus Chicago war tatsächlich gekommen, hatte Mr. Beck zu dessen Arbeiten beglückwünscht und zu verstehen gegeben, daß er es nicht mit freundlichen Worten bewenden lassen wolle. Eric fand es allerdings nicht richtig, daß er damit dem Alten falsche Hoffnungen gemacht hatte. Aber nicht einmal die Aussicht, seine Gemälde an den Mann bringen zu können, rechtfertigte Mr. Becks Gemütsruhe, angesichts der jüngsten Entwicklung. Man hatte den Becks die Fensterscheiben eingeschlagen und Müll vor ihre Haustür gekippt, jemand hatte mit roter Farbe VERSCHWINDET! auf die Schwelle gepinselt; aber Mr. Beck nahm es mit einem Achselzucken hin.

Das alles berührte ihn nicht. Vielleicht hatte er in der Vergangenheit zu viel gelitten, als daß er sich noch darum scherte, was die Leute in der Stadt von ihm hielten. Daß er dasitzen und es hinnehmen konnte, von neugierigen Gaffern wie ein Tier im Zoo betrachtet zu werden, ohne sich zu beklagen, ohne auch nur zornig oder bedrückt zu werden, war eine Lehre, die Eric sich zu Herzen nehmen wollte. Ja, er würde diese dummen Angriffe auf den Garten so gleichmütig über sich ergehen lassen wie Mr. Beck.

Sollten die Leute doch ihren Spaß haben! Ihm blieb immer noch der Garten. Und er würde bleiben. Für immer. Auch wenn sämtliche Nachbarn über das Grundstück herfallen sollten, auch wenn die ganze Stadt hier eindrang, um alles zu vernichten. Auch wenn sie die Blumen zertrampelten und die Vogeltränke umstürzten, die Bäume fällten und die Hecke verwüsteten, Ameisen und Heuschrecken unter ihren Schuhen zermalmten. Selbst wenn sie den ganzen Garten zerstörten, würde das nichts bedeuten. Es würde letztlich nichts bedeuten, denn der Garten würde trotz allem immer noch ihm und Mr. Beck und Miß Beck gehören. Nichts auf der Welt konnte ihnen den Garten rauben, denn der bestand nicht nur aus einer bestimmten Anordnung von Bäumen und Pflanzen; was viel mehr zählte, war die Erde unter ihm und der Himmel darüber, waren die Insekten und Vögel – und Tiere wie Roger, der seine Roteiche verteidigte; wie die Hasen, die durch den Morgentau hoppelten; wie die Schwarznatter, die sich durchs Gras schlängelte. Selbst wenn die Menschen den Garten bis zur Unkenntlichkeit verwüsteten, würden er und die Becks hierher zurückkehren, denn die Tiere wußten, wo sich der Garten wirklich befand: er war in ihnen und in den Becks. Er war auch in ihm. Eric hatte immer nur so getan, als hielte er nach etwas Ausschau. In Wirklichkeit hatte er nicht den Garten gesehen, sondern sich selbst. Ohne es zu wissen, war er in jedem einzelnen Feld doch nur gesessen, um sich selbst zu erkennen. Der Garten war überall. Er ergoß sich über alles wie Wasser, das endlos aus einer geheimen Quelle strömt, sich nicht fassen, aber auch nicht zurückdämmen läßt. Wer diese Quelle einmal gefunden hatte, verlor sie nie wieder. Sie war ewig.

Plötzlich erkannte Eric, daß ihm die Tränen über die Wangen rollten. Er blinzelte rasch zum Gartenstuhl hinüber, aber Mr. Beck schlief.

Obwohl er wußte, daß der Alte ihn nicht hören konnte, sagte Eric mit fester Stimme: »Es wird alles gut werden. Nichts kann uns geschehen.« Und ruhig fügte er hinzu: »Wir haben unseren Garten.«

Der Überfall

Eric erwachte am nächsten Morgen und schaute in einen farblosen Himmel. Roddy war bereits aufgestanden und weggegangen. Wahrscheinlich war schon die ganze Familie fort. In den vergangenen Wochen hatte Eric immer bis tief in die Nacht gelesen und war spät aufgestanden. Susan hörte nicht auf, über dieses Privileg zu murren, aber Mutter blieb standfest. Sie sagte, Eric dürfe so lang aufbleiben, wie er wolle, sofern er einen guten Grund dafür hatte – und Lesen sei ein guter Grund. Eric hatte trotzdem den Eindruck, als seien in letzter Zeit die alten Probleme nur beigelegt worden, um neuen Platz zu machen. Seine Eltern schienen ihn jetzt besser zu verstehen als seine Freunde. Mutter ließ ihn die halbe Nacht aufbleiben und Bücher über Schlangen lesen; dafür nannte Horse ihn einen Verräter, weil er seine Zeit mit einem alten Mann verbrachte. So ändert sich alles im Leben! überlegte Eric auf dem Weg nach unten, zum Frühstück.

Er aß ein paar Scheiben Toast und trank kalten Kaffee dazu, ehe er in den Vorgarten schlenderte und zusah, wie der Dunst über dem Gras brodelte.

Weil es noch zu früh war, um zu Mr. Beck zu gehen, beschloß er, einen Spaziergang zu machen. Eigentlich hatte er sich schon oft vorgenommen, sich ein wenig in der Gegend umzusehen; aber irgendwie hatte er das als einen Verrat am Garten empfunden. Heute morgen jedoch streifte er durch den Nebel und mied die vertrauten Hohlwege.

Er ging eine Gasse entlang, die zu einem bewaldeten Pfad führte, den er noch nicht kannte, als ihm Silky auf der anderen Straßenseite entgegenjoggte. Der Negerjunge hatte ein Handtuch um den Hals geschlungen, trug

Shorts und ein Sweatshirt. Er wirkte größer und stärker als noch vor einem Monat.

Silky winkte und überquerte die Straße. »Gut, daß wir einander treffen!« keuchte er. »Ich wollte dich sowieso anrufen. Diese Typen, mit denen du dich abgibst...«

»Ich gebe mich mit keinen Typen ab«, stellte Eric fest.

»Na schön, die Typen, mit denen du dich früher abgegeben hast – sie hecken eine ziemlich miese Sache aus.«

»Ach, die nehmen bloß den Mund voll.«

»Diesmal dürften sie es aber nicht damit bewenden lassen. Ich habe gestern abend bei Larry gehört, daß sie sich von einem Kerl aus dem College Hasch beschafft haben. Sie wollen sich erst antörnen und dann deinem alten Freund auf den Pelz rücken.«

»Mr. Beck?« Eric fühlte, wie ihm die Wut hochkam. »Wehe ihnen, wenn sie sich in seine Nähe wagen!«

»Bleib cool, okay? Auf dich haben sie es nämlich auch abgesehen. Sagen sie jedenfalls.«

»Sie haben keinen Grund, auf mich sauer zu sein.«

»Wirklich nicht? Es sieht ganz so aus, als hättest du ihren Stolz verletzt.«

Eric versuchte, in dem dunklen Gesicht zu lesen. Wollte ihn Silky aufziehen? Nein, so sah er nicht aus. Aber wie sollte Eric den Stolz der Bande verletzt haben?

»Ich weiß nicht, wovon du redest«, sagte er.

»Alle anderen wissen es. Und sie erzählen es überall herum. Daß du dich lieber mit dem alten Mann abgibst statt mit ihnen. Auch wenn sie selbst nicht wissen, was sie sagen, bleibt es dabei: Du hast sie tief getroffen. Und deshalb solltest du jetzt besser cool bleiben.«

»Haben sie gesagt, wann sie zu Mr. Beck gehen wollen?«

»Das nicht. Ich nehme an, sie werden es tun, sobald sie high genug sind. Dann werden sie dem Alten auf den Leib rücken – und dir.«

»Ach, die geben bloß an. Sie werden uns nichts tun«, sagte Eric, um sich selbst zu beruhigen; aber es lief ihm doch eiskalt über den Rücken, als er zur Bekräftigung hinzufügte: »Ich kenne sie schon ewig. Die tun keinem etwas.«

»Nun ja, hoffentlich hast du recht. Trotzdem: bleib cool. Auch ich kenne diese Sorte zur Genüge. Am Anfang denken sie sich nichts dabei. Aber dann stachelt einer den andern auf, und am Ende sind sie zusammen gemeiner als jeder für sich. Drücke ich mich klar genug aus?«

Eric streckte ihm die Hand hin, Silky schlug ein. »Bis demnächst!« sagte er und lief weiter.

Eric wandte sich um und schaute ihm nach, bis er um die Ecke gebogen war. Silky hatte ihn gewarnt, ohne auch nur mit einem Wort zu sagen, was er selbst von der Sache hielt. Silky war in Ordnung. Und die Bande? Sie bedeutete ihm nichts. Er konnte sich nicht vorstellen, daß sie ihm etwas antun wollten – und dem Alten noch weniger. Vielleicht traute er ihnen bloß deshalb nicht zu, daß sie gefährlich waren, weil er selbst sich nicht mehr vor ihnen fürchtete. Jedenfalls fürchtete er sich nicht davor, daß sie ihn verachteten. Daß sie ihn auch körperlich bedrohten, das schon; davor hatte er wahrscheinlich Angst. Sonst aber nicht. Innerlich hatte er sich von ihnen befreit.

Als er die nächste Straße erreichte, hob sich der Nebel, und die Sonne mühte sich aus der Wolkendecke. Der Tag versprach, schön zu werden. Eric atmete tief ein; seine Nase füllte sich mit dem Duft der letzten feuchten Dunstschleier. Die Sonne war wieder da, heizte die Luft auf und ließ sie im Pulsschlag des Sommers zittern. Und doch war der Sommer im Schwinden. In letzter Zeit hatte Eric immer deutlicher gefühlt, wie die Luft ihre Leichtigkeit verlor. Obwohl die Sonne noch immer hell und heiß war, fehlte ihr die rechte Kraft; zu hell, um ihr ins Gesicht zu blicken; eine große, goldene, flammende Scheibe vor blauem Hintergrund; ein glühender Schmelzofen; die Kraftquelle, der die Blumen in Mr. Becks Garten ihr Leben verdankten.

Nur noch wenige Wochen, und die Sonne würde sich erneut verändern. Sie würde sich mit den ersten Schleiern des Herbstes umgeben und jenen müden, zögernden Blick annehmen, den Leute wie sein Vater am Ende des Tages bekamen.

Eric wollte nicht daran denken, daß der Sommer beinahe vorbei war. Er war eher bereit, sich in einer dunklen Straße Horse oder Supercool entgegenzustellen – als bedeutete das Ende dieses Sommers zugleich das Ende von allem, das irgendwie wichtig war. Nein, er wollte nicht daran denken; er wollte vielmehr etwas unternehmen, das ihn das Herannahen einer neuen Jahreszeit vergessen ließ.

Eric hatte das Ende einer Sackgasse erreicht, die in einen Hohlweg mündete. Ohne zu zögern, trat er in das Gestrüpp, das die steile Böschung bedeckte. Wie eine Schockwelle traf ihn kühlere Luft, die feucht war von ihrem Kontakt mit verkrauteter Erde. Bald fühlte er sich wieder von jener grünen Welt umgeben, die ihm vertrauter war als die Stadt mit ihren Straßen und Häusern, von der ihn nur wenige Meter trennten. Ein paar Schritte weiter hinein ins Dickicht, und das leise, unablässige Dröhnen umgab ihn; das Gesumme der Insekten war wie Musik.

Wohin war er geraten? An den Stadtrand, vielleicht einen Kilometer vom Garten der Becks entfernt. In eines der vielen Wäldchen, die am Zusammenfluß zweier Bäche die Hügel sprenkelten.

Eric blieb stehen und lauschte auf das Zirpen der Grillen am Wegrand. Er kniete sich hin und wartete. Nach einiger Zeit konnte er aus dem lauten Chorgesang eine einzelne Stimme heraushören, knapp hinter seiner linken Schulter. Er blickte auf die Uhr und stoppte mit: Für genau vierzehn Sekunden gelang es ihm, dem raschen Raspeln zu folgen und in dieser Zeit vierunddreißig einzelne Schnarrtöne zu zählen. Er addierte zehn dazu, halbierte die Summe und schrieb sie, sowie die Zeit der Beobachtung, in das kleine Notizheft, das er seit Wochen bei sich trug. Am Abend würde er beim Wetteramt anrufen, um sich zu vergewissern, daß die Temperatur um halb elf Uhr tatsächlich zweiundzwanzig Grad betragen hatte. Dieses Experiment führte er nun schon zum sechsten Mal durch, und viermal war das Ergebnis ziemlich exakt ausgefallen. Noch hatte er Mr. Beck nichts von seinen Berechnungen erzählt; damit wollte er warten, bis er zuverlässig das richtige Ergebnis berechnen konnte.

Eric ging langsam durch den dichten Wald weiter. Zuckerahorn und Kastanien. Roteschen, deren Blattunterseiten hell und silbrig glänzten. Fliederhelle Wolfsmilch. Rosa blühender Wiesenklee. Enziantrichter. Zweige, die sich in Wellen bewegten. Und das ganze Gewirr durchwoben mit Insekten; viele von ihnen versuchten ihn durch Farbe oder Gestalt zu überlisten: sie glichen Vogelkot oder Sporen, einem gezackten Blatt, einem kleinen Zweig oder sogar einer Blüte.

Eric schälte ein Stück Rinde von einem modernden Strunk und entdeckte eine Ameisenkolonie bei der Arbeit. Die großen Soldaten begannen sofort zur Verteidigung mit ihren Zangen blind in die Luft zu kneifen, während Dienerinnen die kleinen, Reiskörnern gleichenden Larven packten und mit ihnen in tiefere Tunnelgänge huschten. Eric hielt den Atem an: Für wenige Augenblicke bekam er sogar die riesige Ameisenkönigin zu sehen! Ihr Unterleib war wie ein Ballon aufgeblasen. Eric bückte sich, um aus nächster Nähe beobachten zu können, wie aus dem bebenden Leib ein Ei quoll, wie ein kleines Samenkorn. Schon wurde die winzige Kapsel von einer Dienerin gepackt und eiligst fortgeschafft. Die Königin zuckelte in das Loch zurück, das ihre getreuen Untertanen aus dem Holz gebissen hatten, um dort drinnen gleich wieder ein

Ei zu legen, und noch eines, und wieder eines. Und falls sie jung war, würde sie ihre Ameisenkolonie noch mit neuem Leben beschenken, wenn Eric über dreißig Jahre alt war.

Mit dem flachen Handrücken wischte er die anschwärmenden Mücken aus der Stirn. Er kniete sich ans Bachufer und beobachtete die flinken Wasserläufer und Taumelkäfer. Überall lagen, am Bachrand verstreut, ausgedörrte und leergefressene Fliegenkadaver. Im klaren Wasser huschten winzige Larven zwischen den Steinen und dem schlammigen Grund. In den Bäumen am Ufer schnarrten unermüdlich die Zikaden. Sie erfüllten den Wald mit einem leisen, beständigen Dröhnen – wie eine Klimaanlage an heißen Tagen.

Schließlich setzte sich Eric unter einen Baum. In seinem dunklen Schatten war die Luft so feucht und kühl, daß sie sich wie feinstes Gespinst sanft auf die Wangen legte.

Eric blickte um sich. Seinen geübten Augen entging jetzt nichts mehr. Es war ein gutes Plätzchen, sogar ein sehr gutes. Grob geschätzt, waren es etwa vierzig mal vierzig Meter. Nicht zu klein – vor allem: nicht von Häusern umgeben –, aber auch nicht zu groß, um sich exakt ausmessen zu lassen.

Und sich hineinzusetzen. In jedes zwei mal zwei Meter große Feld.

Einen Platz wie diesen würden er und Mr. Beck bald brauchen. Da mittlerweile die ganze Stadt den Garten bedrohte, mußten sie einen neuen und geheimen Ort suchen – für den Herbst. Wenn Eric nicht zur Schule mußte, würden sie sich gemeinsam davonstehlen und hier so arbeiten, wie sie es vom Garten gewohnt waren.

Der Gedanke gefiel ihm, und Eric spann ihn immer weiter, bis die Minuten dahinglitten wie Schatten. Er legte das Kinn auf seine aufgestützten Knie und betrachtete zufrieden das Unterholz, das Astgewirr und den insektendurchtanzten Himmel.

Ein echtes Problem gab es allerdings: Wie sollte er Mr. Beck durch den Hohlweg bringen?

Eric überlegte angestrengt und verscheuchte dabei die Mücken, die in kleinen Wolken unangenehm dicht vor seiner Nase schwirrten. Vielleicht war es doch nicht so schwer, wie er dachte, den Alten über die Böschung zu schaffen. Man mußte dazu nur einem bis ins kleinste ausgetüftelten Plan folgen. So konnte etwa Miß Beck ihren Vater mit dem Auto bis ans Ende der Sackgasse bringen. Dann galt es nur noch, den Abhang zu überwinden – zum Beispiel mit einem Seil und einem Flaschenzug. Für den Transport von Verletzten gab es doch auch spezielle Vorrichtungen. Wenn man nun eine dieser Sitzschalen an einem Tau von einem starken Ast wie einen Fahrstuhl auf und ab führte... Das war durchaus möglich. Es gab bestimmt Bücher, in denen der Bau einer solchen Anlage beschrieben wurde. Oder vielleicht war Mr. Beck mit einiger Unterstützung sogar aus eigener Kraft in der Lage, den Weg zurückzulegen. Man mußte nur durch das Unterholz einen Pfad anlegen, damit der Alte nicht stolpern würde. Und sobald er einmal unten, im Wald, war, konnte Mr. Beck in seinem Gartenstuhl sitzen. Sie würden ihn herunterschaffen und unter den Ästen und Zweigen verstecken, sobald sie mit dem Ausmessen der Felder begannen. Wenn der Herbst kam und den Boden mit Laub bedeckte, ließ sich hier wohl so gut wie alles verstecken. Und wenn sie ihn in eine Decke wickelten, konnte Mr. Beck im Freien bleiben, bis es zu schneien begann. Falls erforderlich, würden sie eine kleine Feuerstelle anlegen. Eric blickte sich prüfend um. Ein größerer Garten, das war's. Hier waren sie vor störenden Blicken geschützt; niemand würde sie belästigen; hier gab es ringsum weder Häuser noch anderes Menschenwerk.

Eric stand auf und stieß vor Begeisterung einen Freudenschrei aus. Und noch einen. Und wieder einen – im glücklichen Bewußtsein, daß ihn in diesem Dickicht niemand belauschte. Nichts war hier zu hören, nicht einmal das Schnurren der Autoreifen auf dem heißen Beton drang von der nahen Straße herüber. Es war ein gutes Zeichen. Ja, hier war ihr neuer Platz, ihr neuer Garten. Nicht, daß sie dem alten die Treue aufgesagt hätten; aber bis sich die Leute wieder beruhigten, war es bestimmt besser, hier unten zu bleiben. Außerdem: nichts auf der Welt konnte ihren alten Garten zerstören; sie würden ihn bloß erweitern, bereichern.

Eric blickte auf die Uhr. Es war Mittag vorbei. Immer noch zu früh, befand er, um Mr. Beck zu besuchen. Vielleicht sollte er vorher noch nach Hause gehen, das Maßband holen, zurückkehren und eine rohe Kartenskizze von dem Platz im Wald anfertigen? Er konnte das Gelände in aller Eile ausschreiten und hinterher Mr. Beck einen ersten Bericht geben.

Mit dieser Überlegung verließ er den Wald, kletterte langsam die Böschung hinauf und schlenderte heimzu.

Als er sich bereits dem Haus näherte, blieb er plötzlich überrascht stehen: Roddy kam ihm entgegengelaufen. Sein Gesicht war gerötet, er riß die Augen auf, vor Aufregung stand ihm der Mund offen.

»Sie wollen den alten Mann überfallen!« keuchte Roddy, sobald er Eric erreicht hatte. »Ich hab es auf dem Sportplatz gehört. Ein paar große Jungen haben über ein paar andere große Jungen geredet. Die wollen sich antörnen und dann losschlagen.«

»Eins nach dem anderen!« sagte Eric. »Was ist los?«

»Ein paar Jungen wollen sich high machen und dann deinen alten Freund überfallen.«

Eric starrte seinen jüngeren Bruder zweifelnd an. Das konnte doch nicht wahr sein! Das würde die Bande doch nicht wirklich wagen, und wenn Silky und Roddy noch so sehr davon überzeugt waren.

»Was wirst du jetzt machen?« wollte Roddy atemlos

wissen. Er zappelte förmlich vor Angst. »Du mußt etwas unternehmen! Du mußt!«

Eric erkannte, wenn auch widerwillig, daß Roddy recht hatte. Er durfte keine Zeit verlieren. Mr. Beck saß im Garten, ohne die Gefahr zu ahnen, während Eric einen sinnlosen Spaziergang unternommen hatte, nur um seinen Besuch aufzuschieben – weil er selbst die Gefahr geleugnet hatte. Weil er nicht wußte, wie er ihr begegnen sollte.

Er machte auf dem Absatz kehrt und rannte los.

»Darf ich mitkommen?« rief Roddy hinter ihm.

Eric blickte über die Schulter zurück und winkte ab. »Nicht heute.« Und mit Nachdruck fügte er hinzu: »Aber beim nächsten Mal. Danke, Roddy! Danke!«

Er hätte nicht sagen können, wie er zum Garten gekommen war. Er rannte einfach drauflos. Seine Gedanken, seine Gefühle, sein Körper waren eins geworden; er war ein Pfeil, der seinem Ziel zuflog. Er machte sich nicht einmal Vorwürfe wegen seiner Feigheit und Untätigkeit; dazu fehlte die Zeit. Häuser, Wege und Gärten zogen an ihm vorbei, verwischt, verschwommen, denn seine Augen waren halb verklebt vom Schweiß, der ihm über die Stirn rann.

Und dann hatte er den Hohlweg erreicht, und dann kämpfte er sich die letzte Böschung hinauf, und er verlangsamte das Tempo auch nicht, als ihn heftiges Seitenstechen bedrängte und er die Fäuste an den Leib pressen mußte, um den Schmerz zu unterdrücken.

Er war da.

Er stürzte in den Garten. Er rannte so schnell, daß er beinahe hinfiel, und er sah zu seiner grenzenlosen Erleichterung, daß der Alte bei der Vogeltränke saß und mit offenem Mund döste.

Keuchend ließ sich Eric ins Gras fallen. Er blickte sich rasch, aber aufmerksam um. Sein Hauptaugenmerk galt der Einfahrt und den Nachbargärten. Sobald er wieder zu

Atem gekommen war, trottete Eric vor das Haus und blickte in beide Richtungen die Straße hinunter. Nichts war zu sehen, nur eine Frau, die einen Korb mit Gemüse trug.

Erst jetzt entdeckte Eric den Totenkopf mit gekreuzten Knochen, den jemand ungelenk und hastig mit roter Farbe auf die Hauswand gepinselt hatte.

Als Eric in den Garten zurückkam, war Mr. Beck wach und blickte ihm neugierig entgegen.

»Du siehst aus, als wärest du ins Wasser gefallen«, sagte er.

»Ich bin gerannt.« Eric spähte argwöhnisch in die Runde. »Wo ist Miß Beck?«

»Sie holt irgendwelches Zeug, mit dem man Lack entfernen kann. Offenbar hat sich wieder ein Freizeitmaler am Haus betätigt.«

»War heute vormittag jemand hier?« Eric lief zur Garage und blinzelte hinein.

»Was ist mit dir los, mein Junge?«

Eric wandte sich rasch um. Mein Junge – zum erstenmal hatte ihn Mr. Beck so genannt.

»Willst du mir das Geheimnis nicht verraten?« fragte Mr. Beck lächelnd.

»Ein paar Typen laufen in der Stadt herum und geben mächtig damit an, daß sie Stunk machen werden.«

»Ich verstehe. Sie wollen sich den alten Knastbruder vorknüpfen. Kennst du sie, Eric?«

Eric nickte und verzog das Gesicht. »Sie sind an sich ganz harmlos. Sie wissen bloß nichts mit ihrer Zeit anzufangen, und so denken sie sich eben die dümmsten Sachen aus. Und sie haben Stoff beschafft und wollen sich antörnen.«

Mr. Beck blieb unbeeindruckt. Er zerrte lediglich den Schal enger um die Schultern.

»Sie sind zu viert«, erklärte Eric beunruhigt. »Und eigentlich sind sie gar nicht so mies. Aber sie könnten sich gegenseitig aufputschen.«

»Sicher. So nehmen die Dinge ihren Lauf«, sagte

Mrs. Beck gleichmütig. »Jeder für sich ist ein harmloses Schaf. Bring sie zusammen, und schon fangen sie an, wie ein Löwe zu brüllen. Ach, ich kenne das.«

»Wollen Sie nicht lieber ins Haus gehen?« schlug Eric zaghaft vor.

»Glaubst du, ich bin zweiundachtzig Jahre alt geworden, um mich von einem Häufchen gelangweilter Kinder ins Bockshorn jagen zu lassen?«

»Ich meine, Sie sollten doch ins Haus gehen.«

»Kommt nicht in Frage. Vielleicht solltest *du* hineingehen.«

»Nicht, wenn Sie dableiben.«

»Ich nehme an, diesen Jungen liegt weniger daran, mir etwas anzutun, als dir angst zu machen. Wenn du nicht da bist, ziehen sie wieder ab. Warum machen wir also nicht überhaupt für heute Schluß, und du gehst nach Hause?«

»Nein, ich bleibe bei Ihnen.«

»Geh nach Hause!« rief Mr. Beck ungehalten.

»Nein.«

Ihre Blicke begegneten sich, und diesmal waren es die leuchtenden blauen Augen, die zu flackern begannen und schließlich aufgaben.

»Dann also nicht«, sagte Mr. Beck und seufzte. »Ach, was. Ich glaube, wir reden uns die ganze Sache nur ein.« Er lehnte sich entspannt zurück, und das gab auch Eric, der sich zu ihm ins Gras setzte, neue Zuversicht.

Eric blickte sich um. Die Sonne schien auf den Garten. Der Garten war heilig.

»Ich habe Neuigkeiten für dich, Eric. Du wirst bestimmt überrascht sein.« Der Alte blinzelte ihm belustigt zu. »Erinnerst du dich an den Kunsthändler aus Chicago? Er wird meine Bilder ausstellen und verkaufen.« Mr. Beck kicherte. »Das wird der Stadt neuen Gesprächsstoff geben.«

Auch Eric mußte lachen. Er freute sich für Mr. Beck, und es gefiel ihm, daß die Leute nicht wissen würden, wie sie reagieren sollten: Auf einmal war der alte Killer ein Maler! Es war wirklich komisch! Sie lachten beide, nickten einander fröhlich zu – und lachten immer noch, als Eric plötzlich andere Stimmen wahrnahm. Sie lachten auch; ihr Lachen klang von der Einfahrt herüber.

Eric sprang auf die Beine. »Sie sind da.«

»Überlasse sie mir!« sagte Mr. Beck und umklammerte die Lehne des Stuhls, als sei er sprungbereit. »Ich brauche bloß einmal zu knurren, und sie laufen davon.«

Zwei Jungen tauchten neben dem Haus auf. Sie trugen Gesichtsmasken. Sie hatten sich als Spiderman verkleidet und heulten schaurig.

Sie hatten sich kostümiert. Es war nur ein Spaß! Eric atmete erleichtert auf.

Aus dem Hohlweg, über die Böschung, kletterten zwei andere Jungen. Auch sie trugen die blutroten Masken mit dem schwarzen Spinnennetz.

Heulend und tanzend bildeten sie einen Halbkreis um den Stuhl. Mr. Beck schien das zu gefallen; er klopfte lässig mit der flachen Hand im Takt gegen die Lehne.

Eric konnte sich nicht helfen, er mußte über die Komödie lachen, die die Bande aufführte. Horse sprang wie ein Tanzbär herum, Bones brüllte wie ein Affe und wackelte mit dem Kopf, Supercool ließ den Bauch kreisen und stemmte wie ein Mädchen die Hände in die Hüften. Zap, der von den vieren der beste Tänzer war, zeigte perfekte Boogie-Schritte. Die Show war bühnenreif.

Eric faßte neuen Mut. War die Bande nur gekommen, um dem Alten ein Ständchen zu bringen? Hatten sie gar nicht die Absicht gehabt, ihm etwas zuzufügen? Wenn das stimmte, würde Eric sich bei ihnen entschuldigen, das schwor er sich. Die Bande war okay. Hunde, die bellen, beißen nicht. Er hatte sie falsch eingeschätzt, das stand fest.

Mr. Beck klopfte noch immer den Rhythmus auf die Stuhllehne.

»He, he, he!« brüllte Horse plötzlich und riß sich die Maske vom Gesicht. Seine Augen waren halb geschlossen, aber die engen Pupillen leuchteten wie im Fieber. In diesem Blick lag etwas, das Eric unverzüglich auf der Hut sein ließ. Horse war high. Er schwankte und grinste so, weil er high war.

»Also, Mister«, kicherte Horse. »Sie haben doch nichts dagegen, daß wir in Ihren Garten kommen. Oder?«

Mr. Beck nickte kühl. Sein Lächeln war eisig.

»Weil Sie nämlich die ganze Zeit dieses Kindergartenbaby wie einen Buddha in Ihrem Garten hocken lassen.« Er wandte sich Eric zu und starrte ihn an. »Da haben wir uns gedacht, wir könnten Sie auch einmal besuchen kommen. Ist doch okay, was?«

Wieder nickte Mr. Beck.

Horse streckte den Kopf vor und hielt sich die Hand ans Ohr. »Entschuldigen Sie, Mister, aber das habe ich nicht verstanden.«

»Es ist okay«, sagte Mr. Beck.

Zap klatschte sich auf die Schenkel. Bis jetzt hatte nur Horse seine Maske abgenommen. Die anderen drei wirkten in ihrem Aufzug noch immer bedrohlich und lächerlich zugleich. Horse hingegen sah ohne Maske wirklich gefährlich aus. Sein Grinsen verkündete nichts Gutes.

»Da bin ich aber froh, daß Sie nichts dagegen haben, Mister!« sagte er jetzt. »Denn wenn wir schon einmal hier sind, dann bleiben wir auch gleich. Wir möchten Ihnen nämlich gern ein paar Fragen stellen. Wenn Sie nichts dagegen haben.«

Mr. Beck nickte. Sein Gesicht war völlig ausdruckslos.

»Tut mir leid, Mister, aber ich habe Sie schon wieder nicht verstanden!«

»Ich habe nichts dagegen.«

»Prima, prima. Denn wissen Sie, Mister, dieses kleine Miststück, das angeblich unser Freund war, hat sich heimlich zu Ihnen geschlichen, ohne uns auch nur ein Wort zu sagen.«

»Hätte er das denn tun müssen?« fragte Mr. Beck.

»Wir haben nie Geheimnisse voreinander«, sagte Horse, die Hände in den Hüften.

»Wirklich nicht?«

»Werd bloß nicht witzig, Opa!«

»Junger Mann, ich stelle bloß eine einfache Frage. Habt ihr untereinander vertraglich vereinbart, daß jeder von euch den anderen alles haarklein erzählen muß? Habt ihr das getan?«

Supercool trug noch immer die Maske. Er trat vor und pflanzte sich neben Horse auf. »Erzähl uns von deinem Mord, Opa!«

»Ja! Dem Miststück da haben Sie alles erzählt. Was haben Sie gegen uns? Wir wollen auch wissen, wie Sie Ihre Alte umgelegt haben!« rief Horse aufgebracht.

»Laßt ihn in Ruhe!« brüllte Eric.

Ein Schritt genügte. Schon wurde er von Horse gepackt und brutal zur Seite geschleudert. Und dann sprang Horse auf den Gartenstuhl zu und stürzte ihn um. Mr. Beck kollerte auf den Rasen, zwischen den Limonadekrug und die Gläser.

Eric reagierte, ohne zu überlegen. Er schnellte hoch, warf sich gegen Horse und packte ihn am Rücken. Horse schüttelte ihn jedoch mühelos ab, und erneut landete Eric auf dem Boden. Sofort sprang er wieder auf und drosch aus Leibeskräften auf den ihm am nächsten stehenden maskierten Feind ein.

Es war Zap. Der holte aus und schlug Eric voll ins Gesicht. Eric ging in die Knie, aber irgendwie rüttelte ihm der Volltreffer das Hirn frei. Eiskalt, entschlossen, stand er auf. Ihm war, als sähe er sich selbst zu. Er streckte die Fäuste vor und umkreiste Zap, der auf der Stelle tänzelte und ihn, angefeuert von den Rufen der anderen, höhnisch aufforderte, endlich zuzuschlagen.

Eric hörte sie kaum. Nun war es doch so weit gekommen, daß nur noch die Fäuste sprachen. Beinahe erleichtert griff er Zap an und traf ihn mit einem einzigen Schwinger so hart am Kopf, daß die Maske davonflog und Zap zu Boden ging. Benommen, mit gespreizten Beinen, saß er da und sagte kein Wort. Er starrte nur in die Grashalme, einsam, verdattert und zutiefst verletzt.

Eric verlor keine Zeit und wandte sich dem nächsten Gegner zu. Es war Supercool, dessen langes Blondhaar zu beiden Seiten hinter den Rändern der Maske hervorquoll. Eric schwang beide Arme wie Dreschflegel und griff zügig an. Supercool war viel stärker als er, aber die linkische und unüberlegte Attacke schien ihn zu überraschen und zu verwirren, denn er steckte drei Volltreffer ins Gesicht ein, ehe er zurückschlug. Der Hieb saß und schmerzte, jedoch nicht so sehr, wie Eric erwartet hatte. Er hatte schon oft Supercools starke Muskeln bewundert und sich gefragt, wie ein Schlag von so kräftiger Hand schmecken mochte. Nun wußte er es, aber er stand immer noch auf den Beinen, und ohne zu zögern griff er Supercool erneut an. Sein Körper reagierte wie von selbst; jeder Hieb kam mit voller Wucht, obwohl Eric kleiner und um vieles schwächer war als sein Widersacher.

Supercool ging zu Boden.

Mit wütendem Gebrüll stachelte Horse ihn an, aufzustehen und weiterzukämpfen.

Supercool bekam Eric an den Beinen zu fassen und brachte ihn zu Fall. Die beiden rollten durch das Gras; einmal war Eric obenauf, dann wieder Supercool. Ihre Beine waren ineinander verschlungen und suchten nach einem Vorteil; ihre Arme packten unbarmherzig zu; ihre Hände krallten sich in den Nacken des Gegners. Die Anstrengung raubte ihnen allmählich den Atem, und ihre Bewegungen wurden immer langsamer, während Horse auf sie hinunterblickte und seinen Freund mit bissigen Worten anfeuerte. Supercools Maske war im Gerangel zerrissen und über das lange blonde Haar gerutscht. Er keuchte schwer; seine Augen rollten. »He!« stöhnte er. »Laß los! Ich bekomme keine Luft mehr.«

Eric lag auf ihm, starrte in das gerötete Gesicht und sah Angst aus den glasigen blauen Augen leuchten.

»Ich bin zu high!« jammerte Supercool. »Laß los! Ich kann nicht mehr atmen ...«

Eric ließ sich abrollen und kam auf die Knie. Da ragten vor ihm zwei kräftige Beine auf. Das waren nicht die Beine von Bones. Eric erschrak zutiefst, als er gegen die Sonne hochblinzelte. Wie ein Turm stand Horse über ihm.

»Mach schon!« brüllte Horse. »Steh auf!«

Eric fühlte, wie ihn der Mut verließ. Doch gehorchten seltsamerweise seine Beine, und es gelang ihm, sich zu erheben. Noch ehe er sich ganz aufgerichtet hatte, traf ihn ein furchtbarer Hieb gegen das Kinn. Er schien ihm den halben Kopf abzureißen. Plötzlich fand sich Eric auf gleicher Höhe mit dem vom Kampf niedergetretenen Gras. Die Halme kitzelten ihn beinahe in der Nase. Ein seltsames Gefühl durchlief seinen Körper. Er hatte keine Angst mehr; er war sogar erleichtert. Ihm war, als werde er mit seinem ganzen Körper in ein sanftes Vakuum gesogen.

Gleich würde er ohnmächtig werden.

Er blinzelte heftig, um bei Bewußtsein zu bleiben, und stützte sich mit letzter Kraft auf einen Ellenbogen.

»Reicht es dir endlich?« hörte er Horse wie aus weiter Ferne.

Eric wandte den Kopf ab. Der alte Mann lag auf dem Boden hingestreckt; die blauen Augen standen weit offen; der Mund bewegte sich, ohne daß es ihm gelang, Worte zu formen.

»Nein«, flüsterte Eric. Mr. Becks Anblick gab ihm neue Kraft; gerade so viel, daß er sich aufrappeln konnte. Schwankend stand er auf den Beinen und ballte die Fäuste.

»Genug ist genug«, brummte Horse und ließ ihn einfach stehen.

»O nein, er will noch mehr!« Das war Supercool. In seiner Hand lag das Messer; ein Sonnenstrahl ließ die Klinge hell aufblitzen.

»Steck das weg!« schrie Horse. Aber der Ruf kam zu spät. Schon hatte Supercool zugestochen.

Eric fühlte etwas wie Feuer in seinen Rippen brennen. Er hörte sich laut aufstöhnen. Alles begann sich zu drehen. Er fiel.

Er blieb bei klarem Bewußtsein. Überlaut drangen die aufgeregten Stimmen an sein Ohr. Bones schluchzte. Supercool schrie schrill, angsterstickt: »Ich wollt's nicht tun! Ehrlich nicht!«

Horse überbrüllte ihn wütend: »Du verdammter Idiot! Du verfluchte Sau!«

Und schließlich drängte Zap: »Los! Weg! Wir müssen abhauen!«

Dann hörte und sah Eric lange Zeit nichts mehr, bis ihn sein röchelnder Atem wieder ins Bewußtsein holte. Tief sog er die Luft ein. Der Schmerz ließ ihn aufschreien, und der Schrei verursachte neue Schmerzen. Eric biß sich in die Zunge, um nicht beim nächsten Atemzug erneut stöhnen zu müssen. Als er die Finger gegen die Seite preßte, spürte er etwas Klebriges zwischen den Rippen. Er führte seine Hand vor die Augen; sie zitterte; sie war voll Blut.

Es hatte ihn schwer erwischt.

Wieder dieses Geräusch – sein eigenes Stöhnen. Es schien nicht zu ihm zu gehören. Nur der Schmerz war da, tief in ihm, übermächtig, als lauere er bloß darauf, daß Eric auch nur die geringste Bewegung machte.

So wie er dalag, konnte er Mr. Beck sehen. Eric erschrak. Zuerst meinte er, der Alte sei tot. Dann sah er, daß sich die Lippen bewegten, daß sie versuchten, Worte zu formen. Eric wäre Mr. Beck gern zu Hilfe gekommen, konnte aber vor Schmerz nicht einen Muskel rühren. Wenn er versuchte, zu dem Alten hinzukriechen, würde er gewiß wieder ohnmächtig werden.

Ihre Blicke begegneten sich.

Mr. Beck rollte mit den Augen immer wieder, als wollte er Eric auf diese Weise eine Botschaft übermitteln.

Endlich verstand Eric. Mr. Beck forderte ihn auf, in den Himmel zu blicken: Konzentriere dich auf den Himmel, bis Hilfe kommt.

Eric wälzte sich vorsichtig auf den Rücken. Die Bewegung ließ den Schmerz in seinem Brustkorb explodieren, und wieder fühlte er sich der Ohnmacht nahe.

Schau in den Himmel! zwang er sich zu denken.

Nicht die kleinste Wolke half ihm dabei. Da war nichts als eine einzige blaue Sphäre. Jetzt konnte er auch Mr. Beck nicht mehr sehen. Eric war allein, allein mit diesem Brennen in den Rippen.

Schau in den Himmel!

Und er starrte hinauf, bis sein Blick in immer größere Tiefen vorzudringen schien, in sie eindrang, wie ein Taucher in die Tiefen des Meeres dringt. Bis ihn seine Augen das drohende Lauern des Schmerzes vergessen ließen. Bis er durch alle Bläue des Himmels gedrungen war und jenseits seiner Grenzen die wunderbare Dunkelheit berührte.

Eine Gehirnerschütterung. Ein Kieferbruch. Quetschwunden. Prellungen. Ein Lungenstich. Schwerer Blutverlust. Beinahe wäre er nicht mehr durchgekommen. Aber die tiefste und schmerzlichste Wunde würde nie heilen: Als Eric im Krankenhaus lag und einen Besucher nach dem anderen empfing, spürte er, wie sehr er sie alle haßte. Denn sie alle hatten das Messer geführt. Die ganze Stadt war schuld daran, daß er hier lag und Mr. Beck am Ende des Korridors in einem anderen Bett lag. Die Bande hatte der Stadt lediglich den Handlanger gemacht.

Eric begann allmählich zu begreifen, daß die vier ohne besondere Absicht in den Garten gekommen waren. Sie waren high gewesen; sie hatten sich zum Spaß eine lächerliche Maske über den Kopf gezogen; sie waren nicht wirklich darauf aus gewesen, ihm oder dem Alten Schaden zuzufügen. Aber als sie im Garten standen und es ihnen offenbar nicht gelang, Mr. Beck Angst einzujagen, waren sie unsicher geworden und hatten nicht mehr gewußt, was sie tun sollten. Deshalb hatten sie zugeschlagen. Eine typische Reaktion von Leuten, die sich ohne ersichtlichen Grund zusammenrotten – so hatten es ihm die Eltern erklärt, die täglich zu Besuch kamen.

Zunächst war er selbst ihnen mit Argwohn und Zorn begegnet. Aber ihre Sorge und ihr Mitgefühl besänftigten ihn bald. Ihre Anteilnahme galt auch Mr. Beck. Jeden Tag berichtete Mutter, wie es dem Alten ging. Er hatte einen leichten Schlaganfall erlitten, doch standen seine Chancen durchaus gut. Mutter hatte ihn sogar besucht.

»Was hältst du von ihm?« fragte Eric beinahe schüchtern.

Die Frage schien sie zu verwirren. Immerhin war es keine alltägliche Sache, daß sie ihr Sohn um ihre Meinung über einen Mörder bat.

»Er macht einen netten Eindruck«, sagte Mutter schließlich.

Eric gab sich mit dieser ausweichenden Antwort nicht zufrieden. »Wie war es?« wollte er wissen.

»Also schön. Wir haben uns miteinander unterhalten. Er sagte, in seinem ganzen Leben hätten nur zwei Menschen um ihn gekämpft – seine Tochter und du. Sein linker Arm ist gelähmt, und er kann auch kaum sprechen. Aber als er deinen Namen nannte, Eric, begannen seine Augen zu leuchten. Ich glaube, ich habe noch nie einen glücklicheren Menschen gesehen.« Sie lächelte. »Ist es das, was du hören wolltest?«

»Wenn ich hier herauskomme, werde ich ihn wieder besuchen.«

Mutter seufzte. »Das habe ich mir gedacht. Und ich glaube, daß dich diesmal auch niemand daran hindern wird. Bestimmt wird Mr. Beck im Garten auf dich warten. Er darf das Krankenhaus nämlich noch vor dir verlassen. Die Ärzte sagen, er sei geradezu ein medizinisches Wunder. Möchtest du mit einem Rollstuhl in sein Zimmer gebracht werden?«

Eric schüttelte den Kopf. »Wenn ich ihn besuche, dann nur im Garten.«

Nach diesem Gespräch mit seiner Mutter fühlte er sich besser. Die Wunde in seinem Herzen begann zu heilen, und es gelang ihm allmählich, seinen Besuchern zuzulächeln – sogar Sally Kennedy, die mit einer ganzen Gruppe von Bewunderinnen gekommen war, sein Lächeln jedoch nicht erwiderte, sondern ihn nach wie vor auf die verwirrende Weise anstarrte. Auch viele Mitschüler kamen, denn für sie war er zum gefeierten Helden geworden. Selbst Roddy verhehlte nicht seine Bewunderung dafür, daß Eric es ganz allein mit vier starken Gegnern aufgenommen hatte, vor allem mit dem hühnenhaften Horse und dem gefährlichen Supercool.

›Es war seltsam, wie die Stadt reagierte‹, überlegte Eric. Ihre Aufmerksamkeit galt nicht länger dem alten Mörder, sondern dem jungen Attentäter – so wurde Supercool jetzt von vielen bezeichnet. Die öffentliche Meinung hatte sich voll gegen ihn gerichtet, und dieselben Leute, die Mr. Beck aus der Stadt jagen wollten, waren nun enttäuscht, daß der Junge mit sechs Monaten Erziehungsanstalt davongekommen war. Und sie zeigten sich empört darüber, daß die Strafe der anderen auf Bewährung ausgesetzt wurde. ›So verhält sich eine Stadt!‹ dachte Eric, und obwohl sein Zorn mit der Zeit verrauchte, hatte er doch jeden Glauben verloren, daß eine Gemeinschaft dazu fähig ist, die Wahrheit vom Geschwätz zu unterscheiden, das Gute vom Bösen.

Als er einmal über die Bande nachdachte, erinnerte er sich an eine Bemerkung, die Vater in der zweiten Woche von Erics Spitalaufenthalt gemacht hatte:

»Das kann jedem passieren. Ein einziger Augenblick, eine unüberlegte Handlung vermag ein ganzes Leben zu ändern. Das haben diese Jungen jetzt erfahren. Vor allem der, der auf dich losgestochen hat. Ein einziger Augenblick – und er wird ihn sein Leben lang bereuen.«

Dem konnte Eric zustimmen, denn es war die Wahrheit. Nichts anderes war seinerzeit Mr. Beck widerfahren.

Nun war er seit zehn Tagen daheim. Die Rippen fühlten sich noch immer wund an, sein Kiefer war nach wie vor mit Stahldrähten verspannt, aber er hatte kaum noch Schmerzen. Und er wollte nicht länger warten. Allen Protesten der Familie zum Trotz humpelte er die Treppe hinunter, bestand darauf, daß alle wie sonst ihren Geschäften nachgingen, ehe er das Haus verließ.

Er war schwach auf den Beinen, aber entschlossen, und winkte der Nachbarin zu, die zum Gruß ihr Glas schwenkte und herüberrief: »Schön, daß du wieder da bist, Eric, mein Junge! Ich mache dir einen Drink, wann immer du willst.«

Er hätte Mr. Beck anrufen können, um seinen Besuch anzukündigen; aber sie hatten früher nie miteinander telefoniert, also hielt er es auch jetzt nicht für richtig. Er würde einfach im Garten auftauchen, und wie immer würde er durch den Hohlweg kommen, selbst wenn ihm die Kletterei über die steilen Böschungen Schmerzen verursachen sollte. Aber das war der Weg, den er einschlagen mußte.

Und so ging er langsam in der hellen Morgensonne den einen Pfad hinauf, den anderen hinab, bis nichts mehr zählte – nicht die Stadt, nicht der Überfall, nicht der Schmerz und der Haß –, bis nichts mehr zählte als die letzte Böschung, die er überwinden mußte, um in den Garten zu kommen. Gelegentlich spürte er vor Anstrengung Stiche in der Lunge, aber sie vermochten seine freudige Erwartung nicht zu trüben, denn beim Gehen sah er im Geist bereits alles vor sich, alles an seinem Platz: die Bäume, die Blumenbeete, die Vogeltränke – und Mr. Beck.

Und als er endlich auf den Rasen kam, hatte sich in der Tat nichts verändert. Nicht einmal Mr. Beck, der wie üblich neben der Vogeltränke in seinem Stuhl saß, obwohl es diesmal ein Rollstuhl war. Der Alte hielt ein Nickerchen. Der Kopf war ihm auf die Brust gesunken, die Hände baumelten schlaff von den Lehnen.

Eric hockte sich am Rand des Gartens hin. Noch wollte er seinen Freund nicht wecken. Es genügte ihm, den Garten zu betrachten, den er drei Wochen lang so vermißt hatte.

Und doch würde er sich in Zukunft so oft wie möglich von ihm fernhalten. Das hatte er sich im Krankenhaus fest vorgenommen.

Er würde Mr. Beck den Plan erklären: Es ging darum, eine Karte von dem versteckten Platz im Wald anzulegen, so wie sie es mit dem Garten gemacht hatten. Am Morgen vor dem Überfall hatte er das Plätzchen entdeckt und sofort ins Herz geschlossen. Und in den vielen einsamen Stunden im Krankenhaus hatte er sich ausgemalt, wie sie zu zweit dieses neue Land erschließen würden, genau wie den Garten. Eric war entschlossen, jedes kleinste Fleckchen darin kennenzulernen, bis der Platz ganz und gar ihm und Mr. Beck gehören würde. Er war entschlossen, in den vielen Feldern zu sitzen und das dichtbewachsene Waldstück so in Besitz nehmen zu können. Das mochte viel Zeit kosten; vielleicht ein ganzes Jahr. In der kalten Jahreszeit würde er allein hingehen müssen, Stunde um Stunde im Schnee hocken, bis ihm die Kälte durch Mark und Bein drang –, aber der Platz würde ihnen gehören. Er war entschlossen, sich mit dem Wechsel der Jahreszeiten vertraut zu machen, um jede Veränderung erspüren zu können. Er war entschlossen, aufmerksam die Bäume zu betrachten, zu sehen, wie sich ihre Umrisse veränderten, wenn die Blätter fielen und die Äste kahl wurden; und wie sie neue Gestalt annahmen, sobald im Frühling die Knospen zu sprießen begannen. Und da war der Bach. Auch ihn mußte er – für sich und Mr. Beck – verstehen lernen, und das würde nicht einfach sein, denn der Bach führte Leben auf der Wasseroberfläche, Leben auf seinem Grund und Leben an den Uferrändern. Eric war entschlossen, zu beobachten, was geschah, wenn sich am Ufer die Eiskrusten festsetzten und zusammenwuchsen, bis in der Mitte des Baches nur noch ein schmales Rinnsal blieb, das langsam dahintröpfelte, wie das Blut in einer dünnen Ader...

So intensiv dachte er an das winterliche Wäldchen, daß ihn beinahe fröstelte. Es würde schwer sein, sich dieses Land zu erobern, aber im Winter würde er es allein schaffen, und dann, im Frühjahr, wenn Mr. Beck ihn begleiten konnte, würden sie es gemeinsam tun.

Eric blinzelte und konzentrierte sich wieder auf den Garten. Sein T-Shirt war schweißnaß. Er hob den Kopf. Über den Himmel zog in V-förmiger Formation eine Schar Wildenten, dem Winterquartier im Süden entgegen.

Ungeduldig blickte Eric zu Mr. Beck hinüber, der noch immer im Rollstuhl döste.

Eric seufzte erleichtert. Alles war wieder gut. Er würde den Alten jetzt vorsichtig wecken und ihm von seinen neuen Plänen erzählen. Wie schade, daß er Mr. Beck nicht gleich auf dem Rücken in den Wald hinübertragen konnte.

»Da bin ich!« sagte er und legte Mr. Beck behutsam die Hand auf die Schulter.

Der Alte reagierte nicht.

Eric schüttelte ihn leicht, wieder ohne Ergebnis.

Er kniete sich vor ihm ins Gras, um ihm ins Gesicht zu sehen.

Die blauen Augen standen weit offen und starrten ihm ausdruckslos entgegen. Zwei gläserne Kugeln.

Eric stöhnte auf und griff nach der verknöcherten Hand. Sie war kalt. Er berührte die andere; auch sie fühlte sich kalt an. Dann hob er Mr. Becks Arm, als könne er ihn wie eine Spielzeugpuppe aufziehen. Der Arm war leicht, beinahe gewichtslos, verschrumpelt, nur Haut und Knochen.

Sanft, ganz sanft klopfte Eric dem Alten auf den Rücken, wie um ihm Trost und Zuversicht zuzusprechen. Dabei starrte er durch Tränenschleier – nicht auf den zusammengesunkenen Körper, sondern in den Garten, der im Sonnenlicht lag.

Zuletzt glitt Eric hilflos zu Füßen des alten Mannes ins Gras und starrte wie betäubt auf die großen, schwarzen Schuhe, die unter den unförmigen Hosenbeinen hervorragten.

Es war so ungerecht!

Sie hatten kein letztes gemeinsames Wort gewechselt. Er hatte immer ganz fest damit gerechnet, daß sie, sobald der Sommer vorbei war, Zeit finden würden, über so vieles zu sprechen. Und nun hatte er Mr. Beck nicht einmal von dem Wald erzählen können, den sie gemeinsam sehen und entdecken würden. Wie sehr hätte sich Mr. Beck darüber gefreut! Aber die Zeit war ihnen nicht gegeben.

Es war so ungerecht!

Eric blickte verzweifelt zum Haus hinüber. Vielleicht war Miß Beck daheim?

Die großen, schwarzen Schuhe. Düster starrte er sie an. Eine dünne Staubschicht überzog die Spitzen. Eines der Schuhbänder war wiederholt gerissen und wieder zusammengeknotet worden. Miß Beck achtete doch sonst auf jede Kleinigkeit. Mr. Beck mußte ihr verboten haben, ihn anzufassen. Er hatte vierzig Jahre allein in einer Gefängniszelle zugebracht und ließ nun, in seinen letzten Tagen, keinen, nicht einmal seine Tochter, an sich heran.

Auch die Socken waren schwarz. Sie hingen faltig über die Knöchel, weil sie an den ausgemergelten Beinen keinen Halt fanden.

Es war so ungerecht! Nicht einmal ein letztes Wort.

»Oh, Mr. Beck!« flüsterte Eric. Er stand langsam auf und zwang sich, auf den kahlen Schädel zu sehen, auf den Kopf, der auf die Brust gefallen war. »Oh, Mr. Beck«, sagte er. Dann räusperte er sich und rief nach Sophia. Erst zaghaft, dann laut und mit klarer Stimme.

Sie trat ans Küchenfenster und antwortete. Sie wollte wissen, was geschehen war; aber Eric brauchte ihr nichts zu sagen, sie konnte es selbst sehen.

Schon kam sie aus dem Haus. Sie murmelte etwas, sprach zu sich selbst. Es klang wie: »Nein! Nein!« Darin lag Schmerz und doch ein ruhiges Annehmen; als sei sie keineswegs überrascht; als habe sie schon seit langem diesen Augenblick erwartet.

Eric trat vom Stuhl zurück und ließ Miß Beck mit ihrem Vater allein. Sie fiel auf die Knie, griff nach den schlaffen, reglosen Händen, preßte sie an ihre Wangen und sprach sanft zu ihrem Vater. Sie weinte.

Es war Zeit, zu gehen. Eric spürte es. Miß Beck und ihr Vater hatten nie viel Zeit füreinander gehabt, immer nur diese kurzen Stunden einmal im Monat, im Gefängnis, durch ein Drahtgitter voneinander getrennt. Sie hatten ein Recht, in dieser letzten Stunde allein zu sein.

Aber Eric wollte nicht gehen. Er gehörte hierher. Hierher in den Garten und zu Mr. Beck.

Er starrte auf die grauhaarige Frau, die ihn nicht wahrzunehmen schien. Und er erkannte in diesem Augenblick, daß Vater und Tochter nun in ihrem Schmerz vereint waren. Denn allem, allem zum Trotz hatte sie ihren Vater immer geliebt; und jetzt, hier im Garten, sagte sie ihm Lebewohl.

Eric mußte gehen. Diese Stunde gehörte ihnen, nicht ihm. Aber er wußte, daß er, wenn er jetzt ging, den Garten nie wieder sehen würde.

Er schaute sich um, in alle Richtungen; nach den Blumen, den Bäumen, dem Rasen. Auch für ihn war die

Zeit gekommen, Lebewohl zu sagen. Jetzt. In diesem Augenblick.

Eric wischte sich mit dem Handrücken über die Nase. Langsam wandte er sich dem Hohlweg zu. Er mußte den Garten verlassen, um ihn auf andere Weise behalten zu können.

Durch seine Tränen blinzelte er hinauf in das Viereck, das der Himmel über ihm bildete, und beobachtete eine Wolke, die über den Garten zog.

Er fühlte den unermeßlichen Schmerz, etwas für immer verloren zu haben; und das tat mehr weh als jeder Stich in die Rippen.

Er fühlte, daß ihn etwas verließ. Wer, was war es? Mr. Beck? Der Garten? Es war beides.

Und doch würde er sie behalten und bewahren, tief in sich tragen. Von nun an. Immer und überall.

Der erste Schritt aus dem Garten.

Eric schaute nicht mehr zurück.